沪山渎水

辰 阳 著

·南京·

图书在版编目(CIP)数据

沪山渎水 / 陈小明著. —南京:东南大学出版社,2021.12
 ISBN 978-7-5641-9847-3

Ⅰ.①沪… Ⅱ.①陈… Ⅲ.①山—文化—上海 ②水—文化—上海 Ⅳ.①K928.3 ②K928.4

中国版本图书馆 CIP 数据核字(2021)第 245957 号

责任编辑:曹胜玫 责任校对:张万莹 封面设计:王玥 责任印制:周荣虎

沪山渎水 Hushan dushui

著　　者：	辰　阳(陈小明)
出版发行：	东南大学出版社
社　　址：	南京四牌楼 2 号　邮编:210096　电话:025 - 83793330
网　　址：	http://www.seupress.com
电子邮件：	press@seupress.com
经　　销：	全国各地新华书店
印　　刷：	广东虎彩云印刷有限公司
开　　本：	700 mm×1000 mm　1/16
印　　张：	10.25
字　　数：	143 千字
版　　次：	2021 年 12 月第 1 版
印　　次：	2021 年 12 月第 1 次印刷
书　　号：	ISBN 978-7-5641-9847-3
定　　价：	58.00 元

本社图书若有印装质量问题,请直接与营销部联系。电话(传真):025-83791830

中国传统的"山""水"二字，既指自然空间中的山、水实体，也涵盖有"自然界"之意，山水文化是中国传统文化的重要组成部分。

本书从山水文化的视角，以上海山水为主线，以峰泖和江浦为重点，采用图文并茂方式，探究山水文化的形成及演化，解说其中的山水意象和风水意韵，力求使读者全方位了解上海山水文化的内涵和意境。

本书可供中国传统文化、人文地理及上海历史文化研究人员及爱好者使用，也兼顾到对上海山水文化感兴趣的一般读者和旅游者的需要。

The Chinese characters Shan（山）and Shui（水）represent mountain and water respectively. When they are combined and used as one word Shanshui（山水）, it means more about the natural world. Shanshui culture, well-known as the landscape culture, is an essential part of traditional Chinese culture. By focusing on the peaks, lakes, rivers and riversides in Shanghai, this book explores the formation and evolution of landscapes in Shanghai with illustrated images and explanation, and shows the imagery of landscapes and Feng shui from the perspective of landscape culture, to enable readers to understand the connotation and artistic conception of landscapes in Shanghai comprehensively.

This book is a good reference for researchers and enthusiasts of Chinese traditional culture, human geography, and Shanghai history and culture. It also takes into account the needs of general readers and tourists who are interested in landscape culture of Shanghai.

前 言

书名"沪山渎水"取"沪渎山水"之意。"沪渎"是上海地区的古老称谓,"沪"为古时海边渔民用于捕捉鱼蟹的竹簖渔具,也是当今上海的简称,"渎"则是古时江河入海口地段的称谓。

上海是中国历史文化名城,国际经济、金融、贸易、航运、科技创新中心。笔者来上海工作生活多年,在融入上海社会生活的过程中,慢慢悟出一些诸如山水文化等内在特质,感触颇多,故动手提笔,与读者分享。

关于上海的山水,流传一些说法,如"上海除了北襟的长江,东滨的大海和黄浦江外,没什么大山大水",还有传言"佘山不能称为山,只是个百米高的小土坡",等等。笔者认为,这些说法是不全面、不准确的。首先,中国传统文化的山水并非仅指具体的山、具体的水,还包含山水的自然和人文环境。其次,自古就有"山不在高,有仙则名;水不在深,有龙则灵"之说,并非只有大山大水才称得上是真正的山水,山水的内涵才是重点。再次,在长三角冲积的平原隆起的上海九峰群山,虽说不上雄伟挺拔,却不失玲珑秀丽;从环太湖下泄流域荡漾的三泖,虽说不上汹涌澎湃,却不失柔情涟漪。最后,上海不仅有丰富的山水文化资源,还是海派山水文化的重要发源地,更是华夏山水园林中池山的滥觞点。

上海是一座水的城市,襟江连海,因水而生,因水而兴,不息之水造就了上海,广茂水系滋养了上海。祖母河吴淞江,源远流长;母亲河黄浦江,抚育了一代代上海人。

上海是一座山的城市，缓峰低峦，因山而韵，因山而丰，脉动的山根支撑了上海。奇幻的金山，寄托着百姓的美好向往；闻名的宝山，传说着护佑一方的精彩故事。

上海是一座山水城市，"三泖九峰"开启华夏园林山水篇章，"九峰三泖"兴盛于宋、元、明、清多个朝代，展现出上海山水文化的底蕴。吴淞、黄浦两江造就的"江浦汇沥"起源于明代，延续至今，树立起上海作为世界及大都市的经典地标。

古人以"九峰三泖"描绘上海的山水意象，而上海丰富的山水内涵远非"九峰三泖"能囊括。除"九峰三泖"外还有哪些山山水水？"九峰三泖"与"三泖九峰"有怎样的关联？"三泖九峰"是如何蕴含华夏园林池山文化的？吴淞江、黄浦江汇聚陆家嘴的"江浦汇沥"又展现出怎样的风水意韵？……诸如此类问题，引起笔者极大的兴趣，开启了游山玩水之旅。

上海山水文化是自然山水的人化成果，与江南文化、海派文化和红色文化一样，山水文化也是上海文化的重要组成部分。尽管上海山水文化内涵丰富、博大精深，但目前所能见到的相关文献资料不多。笔者以本作品为起，抛砖引玉，为后续的相关探究尽绵薄之力。

辰阳
2021年6月于上海

目　录

第一章　山水概述：沪渎山水略要 …………………………… 1
　　第一节　山水文化 …………………………………………… 2
　　第二节　风水文化 …………………………………………… 5
　　第三节　沪渎概述 …………………………………………… 7

第二章　峰生泖现：沪渎山水之初 …………………………… 11
　　第一节　沧海桑田 …………………………………………… 12
　　第二节　地辟峰生 …………………………………………… 15
　　第三节　潮退泖现 …………………………………………… 18

第三章　松郡三泖：沪渎渊水之源 …………………………… 23
　　第一节　古江吴淞 …………………………………………… 24
　　第二节　申江黄浦 …………………………………………… 26
　　第三节　松郡三泖 …………………………………………… 29
　　第四节　荡漾河湖 …………………………………………… 34
　　第五节　江湾浦滩 …………………………………………… 42

第四章　云间九峰：沪渎山土之根 …………………………… 49
　　第一节　云间九峰 …………………………………………… 50
　　第二节　峰外有山 …………………………………………… 56

第五章　九峰三泖：沪渎意象山水 …………………………………… 63
　　第一节　峰山情深 ……………………………………………… 64
　　第二节　泖水意长 ……………………………………………… 74
　　第三节　峰泖意象 ……………………………………………… 84

第六章　三泖九峰：沪渎造极池山 …………………………………… 93
　　第一节　峰泖前世 ……………………………………………… 94
　　第二节　东海仙境 ……………………………………………… 101
　　第三节　始皇觅仙 ……………………………………………… 105
　　第四节　造极池山 ……………………………………………… 108

第七章　江浦汇汭：沪渎意韵风水 …………………………………… 115
　　第一节　祈平求安 ……………………………………………… 116
　　第二节　相土尝水 ……………………………………………… 120
　　第三节　汇水龙潭 ……………………………………………… 123
　　第四节　江浦汇汭 ……………………………………………… 128

第八章　泖和峰谐：沪渎山水悟道 …………………………………… 137
　　第一节　平波安澜 ……………………………………………… 138
　　第二节　滨泖圩田 ……………………………………………… 144
　　第三节　熬波煮海 ……………………………………………… 147
　　第四节　绿泖青峰 ……………………………………………… 149

后语 …………………………………………………………………… 153

参考文献 ……………………………………………………………… 154

第一章 山水概述：沪渎山水略要

第一节　山水文化

一、山水简介

中国传统的"山""水"二字，既是指自然空间中的山、水实体，也指非具体的山、水形态，具有自然的特征，涵盖天地万物，是自然界的代表。甲骨文中的山、水的象形文如图1-1所示。

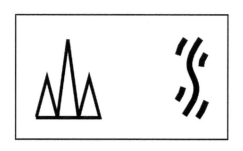

图1-1　甲骨文中的"山"与"水"

《说文解字》载："山，宣也。宣气散，生万物，有石而高。象形。凡山之属皆从山。水，准也。北方之行。象众水并流，中有微阳之气也。凡水之属皆从水。"《易经》中提及的山、水分别为艮（山）、坎（水）和兑（泽）。《山海经》全篇罗列大量山与海，但仅有一处提到"山水"且为自然物象："后稷之葬，山水环之，在氐国西。"记载了后稷的所葬之地及所处环境。[1]

二、山水文化

中国山水文化是人类以山水为素材创造的文化，是山水中蕴含的文化沉积和意象，包括人作用于山水的一切活动及结果。山水文化是中国传统文化的重要组成部分，它包括人化自然等物质形态和文化思想等精神形态两方面。山水文化既是一种审美文化，也是自然与人文景观结合的产物，更是一种天人合一的思想境界。山水文化涉及历史、文学、艺术、心理、宗教、地理、民俗、生态、旅游、环境等诸多学科和领域。

中国传统山水观源于原始自然崇拜，是原始宗教的重要表现形式。从远古起，先民就把名山大川作为天神祭祀，表达对山水神的崇拜与敬畏。《左传》载："山川之神，则水旱疠疫之灾，于是乎禜之。"（《左传·昭公元年》）古时还设置有祭祀山水的礼节，如《礼记》载："山林川谷丘陵，能出云，为风雨，见怪物，皆曰神。有天下者，祭百神。"（《礼记·祭法》）甚至古代帝王也参与山水祭祀活动，如《尚书》记载舜巡视五岳情形："岁二月，东巡守，至于岱宗，柴。望秩于山川，肆觐东后。"（《尚书·舜典》）由此产生后来许多帝王的"泰山祭祀"。

三、山水文化派别

（一）儒家山水观

儒家山水文化的核心是"山水比德智"思想，如《论语》载："知者乐水，仁者乐山。"（《论语·雍也篇》）精神品格不同，对山水之趣的爱好也迥然有异，这把山水也人格化了。又如《孟子》载："孔子登东山而小鲁，登泰山而小天下。"（《孟子·尽心上》）孔子提出"知者乐水，仁者乐山"的山水观，引导人们通过对山水及其精神的体验，理解"仁""智"的意蕴。"登东山而小鲁，登泰山而小天下""君子见大水必观焉"等反映了孔子对自然山水的情怀。儒家文化的山水中也蕴含家国之意，典型的如宋代王希孟所作的《千里江山图》，其中描绘了连绵的山峦和浩瀚的江水，意在展现宋朝波澜壮阔的江山美景。

（二）道家山水观

以老子、庄子为代表的道家，主张"自然主义"和不干预自然的"无为"山水理念。道家文化以避世来寻求自然与道的相应相生，从自然万物中感知生命的意义。

道教典籍中有关"水"的描述颇多。老子认为"道"与水性相近，如《道德经》载："上善若水。水善利万物而不争，处众人之所恶，故几于道。"(《道德经·第八章》)又载："江海之所以能为百谷王者，以其善下之，故能为百谷王。"(《道德经·第六十六章》)除水之外，道教还有仙化之山，其中三座有名的仙山为传说中的蓬莱、方丈和瀛洲仙山。此外，还有传说仙人居住的十洲，《海内十洲记》载："汉武帝既闻王母说八方巨海之中，有祖洲、瀛洲、玄洲、炎洲、长洲、元洲、流洲、生洲、凤麟洲、聚窟洲，有此十洲，乃人迹所稀绝处。"道教的"仙境"实际上是升华版的名山胜水。

(三)佛家山水观

佛教把山水作为"证理体"的方式，赋予其丰富的哲学内涵。在佛教的宇宙观中，山水是重要的组成部分。一方佛土中小世界的中心是九山八海，即以须弥山为中心，围绕着佉提罗等八座山，九座山之间各有一海，共计八海。佛教中的"山水"的意义类似于"净土"。对自然山水的领悟，禅宗有著名的"三般见解"论，《五灯会元》载："老僧三十年前未参禅时，见山是山，见水是水。及至后来，亲见知识，有个入处。见山不是山，见水不是水。而今得个休歇处，依前见山只是山，见水只是水。"(《五灯会元·卷十七》)

(四)其他流派山水观

《易传》八卦包括乾、坤、震、艮、离、坎、兑、巽，分别代表天、地、雷、山、火、水、泽、风八种物质符号。在八卦中，泽与水相通，可视为水类，而且《易传》还称"润万物者，莫润乎水"，说明对水相当重视。

五行指水、火、木、金、土，用五种不同的物质概括世间万物的本原。最早系统提出五行概念的是《尚书》，其中载："鲧堙洪水，汩陈其五行。……五行：一曰水，二曰火，三曰木，四曰金，五曰土。"(《尚书·洪范》)

第二节　风水文化

一、风水简介

风水也称"堪舆""相地""阴阳""山水术"等,是中国传统文化的"五术"之一。"风水"一词最早出现在两晋时期郭璞所著《葬经》中:"古人聚之使不散,行之使有止,故谓之风水。"古人称风水为"山水术",说明风水与山水文化密切相关。

风水起源于古代先民的相地占卜术,在春秋战国时形成初始理论,到汉代达到鼎盛。主要有形势宗和理气宗两大派别。形势宗派审视山川地形、地质水文、气象交通、土壤植被及环境生态等,然后择其佳处,辨方正位,确定规划营造事宜。尽管风水理论带有很浓重的迷信色彩,但因其包含了一些地理学、气象学、生态学、景观学、哲学、心理学、美学等学科知识,也有一定的科学性和实用性。风水观还受到传统的儒、道、释诸家哲学思想的深刻影响,是综合了中国传统文化的产物。

二、风水理念

风水的主要理念概括起来就是"阴阳平衡、天地人合、四象搭配、五行生克",风水追求人与自然的和谐共生,讲究天时地利人和。在风水中,山与水构成一对阴阳关系,人的居住环境与山水是协调共生的,它强调人居环境"得水为上,藏风次之"。[2]

风水相地择址的本质是寻求人居环境与自然环境的和谐统一。古人注重"天人合一",风水意蕴也要"天人合一",讲究天时地利人和,也就是"天、地、人"的和谐。古代"天人合一"含义有多种,包括天人一德、天人一类、天人一性、天人相通、天人一理及天人感应等。[3]风水意蕴的"天人合一"主张天人一类,将自身融入自然中,达到人与自然的统一协调,正如老子所著《道德经》载:"人法地,地法天,天法道,道法自然。"

三、风水格局

风水选址的实质是根据基址所在地的地质、地貌、水文、日照、风向、气候、景观等一系列环境因素,做出或优或劣的评价和选择,以及采取需要的规划措施,从而趋吉避凶纳福,创造适于居住的良好环境。

山环水抱是风水吉址的基本格局。山环指基址三面有山环绕,水抱指基址前有河流环绕。背山可以依托山阻挡冬季北来的寒流,面水既可在夏季获得南来的凉风,又可得到良好的日照,近水还可以方便生活、灌溉、养殖等。"山环水抱"的风水格局如图1-2所示。[3]

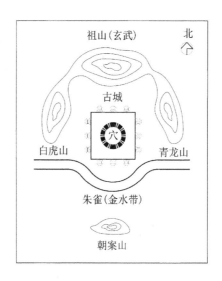

图1-2 "山环水抱"风水格局示意图

第三节　沪渎概述

一、沪渎名源

上海是中国的直辖市，也是国际经济、金融、贸易、航运、科技创新中心。上海地处长江三角洲前缘，东濒东海，南临杭州湾，西接江苏、浙江两省，北界长江入海口。目前上海市辖有浦东新区、黄浦、徐汇、长宁、静安、普陀、虹口、杨浦、闵行、宝山、嘉定、金山、松江、青浦、奉贤和崇明等共16个区。

"沪渎"是上海地区的古老称谓，"沪"的繁体字为"滬"，由"扈"演化而来。上海一带早期是渔村，"扈"是一种古老的渔具，《舆地志》载："插竹列于海中，以绳编之，向岸张两翼，潮上即没，潮落即出，鱼随潮碍竹不得去，名之云扈。"因"扈"在滨海地区使用，渐渐演化为加三点水的"滬"，后来简化为"沪"。渔具"滬"也称"簖"，现今上海金山嘴一带的渔民还将捕蟹工具称"蟹簖"。

"渎"在古代指江河入海段，《白虎通》载："水发源而注海曰渎。""沪渎"指吴淞江下游入海口，《吴都记》载："松江东泻海曰沪海，亦曰沪渎。"另《吴地记》有"沿松江，下沪渎"之说。"上"有"上游、上侧、周边"等含义，故"沪上"即是"沪渎"上游及其周边的地方。"沪上"最早来源于《今世说》，《今世说·言语》载："沪上校书玉烟，慧甚，善行酒，凡饮席，必来典筋。"再后来，吴淞江下游改道与黄浦江汇合，不再有渎，只剩下"沪"的称谓流传下来。

"沪"是上海的简称，而"沪上"是上海的别称，除此之外上海还有"黄浦""海上""上洋""申"等别称。可以看出，上海的一系列名称都源于"水"或与"水"有关，只有"申"貌似与水无关，但其实黄浦江古称申浦、申江、春申江。战国时期，上海地区相传是楚国春申君的封地，黄浦江相传就是春申君组织开凿的。又因为吴淞江之故，上海还有"吴淞""淞江""淞南"和"淞口"等别称。

北宋初,上海聚落已经初步形成。"上海"之名始见于北宋时设置的征收酒税的"上海务"。"上海"名称来源及含义有四种说法:一是因《越绝书》载"从海上来,去县十里"而称"上海"。二是因《吴郡志》"松江南岸有大浦十八……上海、下海二浦"中的"上海浦"而得名。三是因明代《上海县志》"其名上海者,地居海之上洋故也"中的"海之上洋"而得名。四是清代《上海县志》载:"市舶在今县治处登岸,故称上海。"[4]

二、沪渎沿革

区域成陆:6 000年前,上海地区已有大约三分之一区域成陆,今青浦、松江及金山地区留有新石器时期遗址。

最早属地:春秋战国时期,上海地区先后属吴、越、楚国。

政区始设:唐天宝十年(751年)设立华亭县,含昆山、嘉兴和海盐三县部分区域,古称"华亭海"。上海地区开始有独立的政区。

"上海"名始的上海务:宋代,上海地区分属华亭县、昆山县和海门县。北宋时设立了征收酒税的上海务,这是"上海"名之始。

上海设镇:南宋咸淳三年(1267年),上海于上海浦的西面正式建镇,设市舶务,属华亭县管辖。

上海设市舶司:元至元十四年(1277年),上海设立市舶司(时全国七大市舶司之一),负责管理中外商船及对货物征税。

上海设县:至元十四年(1277年)置华亭府,翌年华亭府改名松江府(因境内有吴淞江得名)。至元二十九年(1292年)分华亭县东北部设置上海县,驻地上海镇,上海县与华亭县共属松江府。

上海开埠:清道光二十三年(1843年)上海开埠,道光二十五年(1845年)上海县洋泾浜以北一带划为洋人居留地,后形成英租界。道光二十八年(1848年)将虹口一带划为美租界。道光二十九年(1849年)以上海县城以北、英租界以南一带为法租界。同治二年(1863年)

英、美租界合并为英美公共租界,光绪二十五年(1899年)又改称为上海国际公共租界。此后,租界多次扩大。

上海属辖江苏:1912年1月,中华民国成立。裁松江府、太仓州,上海地区属江苏省。

上海设市:1925年,北洋政府允准上海改为淞沪市。1927年7月7日,上海特别市成立,直辖于中央政府,上海始有直辖市一级建置。

上海租界收回:1945年11月24日,国民政府外交部宣布接收上海公共租界、法租界,历时百年的上海租界结束。

新直辖市:1949年10月1日,中华人民共和国成立,上海仍为中央直辖市。

三、沪渎山水环境

上海地区的山体主要有三大组群,其一是上海西部的九峰山群,其二是上海南部的金山群,其三是上海洋山港区域的洋山群。九峰山群包括云间九峰、鳌山和淀山等;金山群包括大小金山、秦望山和查山等;洋山群包括大洋山、小洋山和小戢山等。除三大组群山外,上海西北部还有应奎山、福泉山等零星山体。上海三大群山组分布如图1-3所示。

上海现状主要水系流向基本为由西向东流入东海。主要湖泊为淀山湖,主要水系河流包括吴淞江、黄浦江和川杨河等十多条主干河流。上海主要水系分布如图1-4所示。

在海平面高程测量基准方面,清代在张华浜信号站设置了第一个高程水准点——吴淞海关零点,后命名为吴淞零点,作为高程测量的基准。民国时又在市区外滩公园设立了一个固定水准点。

清代美商旗昌洋行自行在院内开凿了一口深水井,取水供洋行自用。这是上海第一口深水井,深达77米。

图 1-3　上海三大群山组分布图

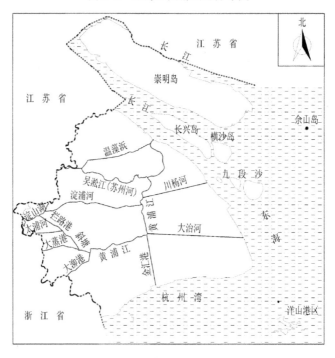

图 1-4　上海主要水系分布图

第二章

峰生涢现：沪渎山水之初

第一节　沧海桑田

一、震泽天成

太湖位于长江三角洲的南缘，古称震泽、具区，又名五湖、笠泽，是中国五大淡水湖中的第三大湖。太湖位于今江苏省南部，全部水域在江苏省境内，湖水南部与浙江省相连。

太湖古名震泽，见于《尚书·禹贡》："淮、海惟扬州。彭蠡既猪，阳鸟攸居。三江既入，震泽厎定。"

太湖古名具区，见于《周礼·夏官司马》："东南曰扬州，其山镇曰会稽，其泽薮曰具区，其川三江，其浸五湖。"另见《尔雅·释地》："吴越之间有具区。"《山海经·山经》也载："又东五百里曰浮玉之山。北望具区，东望诸毗。……苕水出其阴，北流至于具区，其中多鮆鱼。"

太湖又名五湖，见于《史记·河渠书》："于吴，则通渠三江、五湖。"五湖也指以太湖为主的五个湖荡，《水经注·卷二十九》载："南江东注于具区，谓之五湖口。五湖谓长荡湖、太湖、射湖、贵湖、滆湖也。"

太湖还名笠泽，见于《毗陵与何次德同舟至吴门》（明·方文）："将归笠泽买吴舠，画舫青帘过驿桥。"也见于《古诗二十首》（清·赵翼）："范蠡既霸越，一舸笠泽中，手挟西施去，同泛烟濛濛。"

太湖是我国东部近海区域最大的湖泊，据推测，古太湖是由潟湖发育形成的。潟湖原是紧靠大海的海湾水域，因海湾出海口处泥沙淤积，使出海口形成了沙洲，继而将海湾与海洋分隔，从而成为湖泊。潟湖形成太湖过程示意如图2-1。

之后，由于地处亚热带季风气候区，太湖流域降水多，地势西高东低，大量河流径流注入太湖，太湖中的咸水则通过入海通道注入海洋，

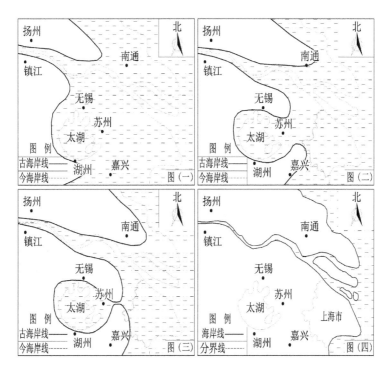

图 2-1　潟湖形成太湖过程示意图

使湖水盐度逐渐降低，最终形成淡水湖。

今天的淀山湖及其四周的湖沼、太湖邻近的许多小湖古时都曾和古太湖连成一片，今天的佘山、天马山等山丘曾是古太湖中的一些小岛。

二、古代冈身

距今大约 1 万年，古上海地区开始抬升成陆。

距今 7 000～4 000 年的几千年间，上海地区的古海岸线形成了几条贝壳沙堤，称为"冈身"。"冈身"是海浪作用下由贝类遗骸及海沙积聚而成的沙脊，冈身这一上海地区特有名称、古海岸线位置的遗迹，反映了上海古海岸线节节东进的陆淤海退的过程。目前考古已知的有沙冈、紫冈、竹冈等多条冈身。嘉庆《上海县志》载："古冈身有三，沙冈、竹冈在十六保，紫冈在十八保，属于海，北抵松江，长百余里。"上海冈身地带位置如图 2-2。[5]

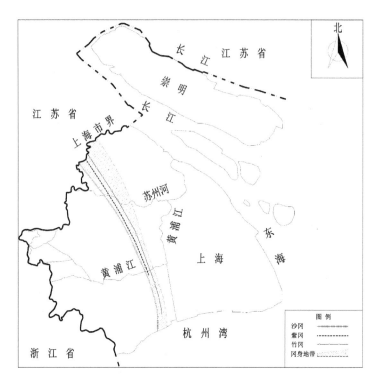

图 2-2 冈身位置图

三、古文化地层

大约 7 000 年前，上海市青浦区域成陆，上海地区已经成为长江三角洲平原一部分。根据考古发掘成果，在 6 000 年前的新石器时代，青浦区一带就是远古先民的生息活动区。以当今崧泽村命名的崧泽遗址是现今发现的上海地区最早的人类生活聚落，崧泽人是上海最早的祖先。从"崧泽"二字可以知道地名内涵，《尔雅·释山》载："山大而高，崧。山小而高，岑。"《释名·释地》载："下而有水曰泽，言润泽也。"因此可以推知，远古先民的崧泽聚落所在地是一片濒临东海的沼泽地中的高台地，林木水草茂盛，十分适合人类生存。考古揭示当时崧泽人已由原始的渔猎采摘逐渐过渡到以畜牧和农业为主的生产方式，生产工具以石器为主，并由以原始石器为主的旧石器时代转为以比较精制的石器为主的新石器时代。崧泽人培植粳籼稻，制造土陶用具。

1982年，在中国考古年会上，该遗址被命名为崧泽文化遗址，因此，国人眼中的新兴都市上海，实际上已经有了6 000多年的发展史，崧泽文化是上海地区的文化之源。根据崧泽文化遗址考古成果，上海地区古文化地层从6 000年前开始，古文化地层由下至上大致为：（1）7 000～6 000年前：马家浜文化地层；（2）6 000～5 300年前：崧泽文化地层；（3）5 300～4 300年前：良渚文化地层；（4）4 300～4 100年前：钱山漾文化地层；（5）4 100～3 900年前：广富林文化地层；（6）3 900～3 200年前：马桥文化地层。（摘自马桥文化展示馆）

第二节　地辟峰生

一、地壳活动

上海地区远古时期就有火山活动断裂带，正是这些火山活动断裂带造就了上海地区的自然山丘带。在这些火山活动断裂带中，有两条主要方向为东北—西南向的断裂带贯穿上海地区，分别是枫泾—川沙断裂带和张堰—南汇断裂带，如图2-3所示[6]。上海的九峰山群就是在这些断裂带火山活动中喷出的岩浆造就的。

二、地辟峰生

上海地区的山形成于距今1亿年左右的侏罗纪时期，山体由火山岩构成。

上海境内分布有两条现代山丘带，一条是上海西南青浦、松江一带的北干山、凤凰山、薛山、东佘山、西佘山，另一条则是金山境内的查山、秦皇山、甸山等。这两条现代山丘带恰好位于近于平行的北东50度方向的两条大断裂带附近。大断裂带为来自地壳深部的岩浆提供了入侵的通道，形成了沿北东方向展布的火山锥。这些火山锥在多次火山作

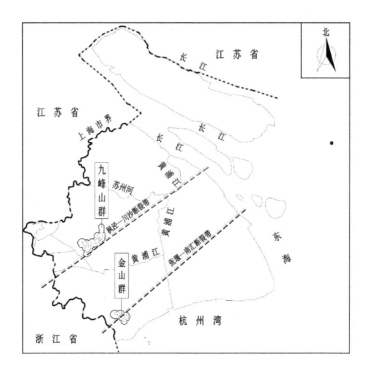

图 2-3　上海地区地质断裂带示意图

用下不断加高，成为非常壮观的山峰。后来，受地壳构造运动的影响，早期形成的山峰遭到侵蚀，还发生了下沉、断裂、错动和相对移位，外貌有了很大的变化，变成了当代所见的低矮山丘。[6]

三、沪渎地貌

上海地区地势平坦，地面海拔高程介于 2.2～4.8 米之间（以吴淞零点计）。全区地表特征分为东部滨海平原、中部碟缘高地、西部淀泖低地和北部江口沙洲四个地形区域。

东部滨海平原为距今 800 年前古海岸线以东的地区，包括川沙、南汇、奉贤、金山等县的沿海地区。中部碟缘高地为古冈身以东至距今约 800 年前古海岸线以西的中部地区，包括上海市全部，川沙、南汇、嘉定、上海、奉贤、金山等县大部。西部淀泖低地为冈身以西的低洼地区，包括青浦、松江两县大部，金山县北部及嘉定、上海、奉贤等县的西部地区。北部江口沙洲包括崇明、长兴、横沙三岛和其他一些刚露出水面的沙洲，它是上海地区长江三角洲的主体，成陆历史较晚。[6]

上海地区地质剖面图见图2-4。

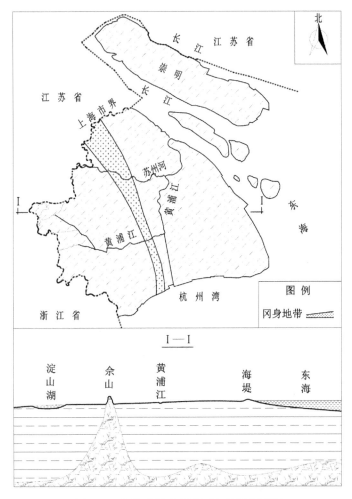

图2-4　上海地区中部东西向地质剖面图

第三节　潮退汭现

一、三江既入

远古时期，上海地区有三条大江，即《尚书》载的"三江既入，震泽底定"中的三江。东晋庾仲初作《扬都赋》注："今太湖东注为松江，下七十里有水口分流，东北入海为娄江，东南入海为东江，与松江而三也。"由此可知三江即为松江、娄江和东江。唐代《吴地记》也载："（松江）其江之源，连接太湖。一江东南流五十里，入小湖。一江东北二百六十里，入于海。一江西南流，入震泽。此三江之口也。"

"三江既入，震泽底定"形势如图2-5所示。

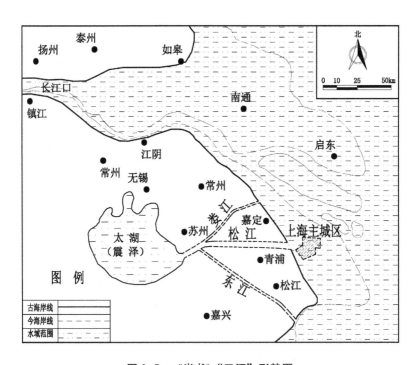

图 2-5　《尚书》"三江"形势图

松江由太湖流出，至今江苏角直以西、澄湖以北古三江口一分为三：北支娄江、中支松江和南支东江。娄江及东江在唐代断流，基本湮废，唯有松江一直流淌至今。明代之前，太湖（震泽）排水入海主通道演化过程如图2-6所示。

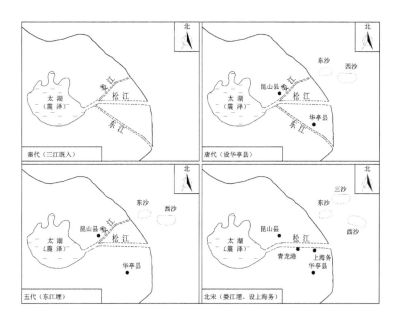

图2-6 明代前太湖排水入海主通道演化图

东江是松江由太湖流出后的南支，也称上江。古东江有三泖、谷水、谷泖、华亭谷之名；也有把白蚬湖、小湖流出后地段称为谷水之说。东江南下流入白蚬湖、小湖；中游为淀泖湖群；下游成扇状，分为多支，各有出口，大致主泓一支在今海盐县澉浦入海，一支在今浙江平湖县东芦沥浦入海，一支在今上海市金山区小官浦入海。澉浦、芦沥浦已湮废。东江约在五代即已湮废。[7]

娄江是松江由太湖流出后的北支，娄江经昆山至上海北部今浏河口一带入海。浏河亦称刘家河、刘家港，是古娄江的下游河道，娄江约在唐代湮废。娄江及东江湮废后，松江就成为太湖地区排水出海的主要通道。

二、岸线变迁

大约在 7 000 年之前，上海地区海岸线位于太仓、外冈、漕泾至杭州湾中的玉盘山一带。

考古发掘到的地下贝壳沙堤的分布情况反映出上海地区的滨海平原节节东进、陆淤海退的过程。海岸线的变迁大致有三个阶段：

（1）早期阶段。岸线从沙冈（距今 7 000～6 400 年）发展到竹冈（距今 5 680～4 000 年），历时近 3 000 年。

（2）中期阶段。岸线从竹冈发展到盛桥—航头一线（距今 1 500 年），历时约 2 500 年。

（3）晚期阶段。岸线继续推进到东沙（距今 580 年），历时约 100 年。

上海地区成陆海岸线演化过程如图 2-7 所示。

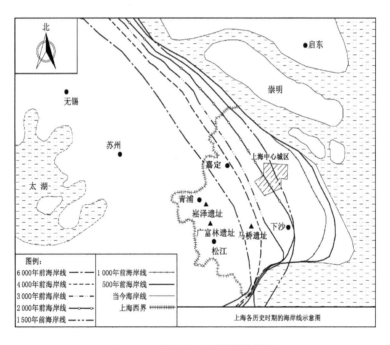

图 2-7 上海地区海岸线演化图

三、陆洼谷现

随着滨海平原海岸线节节东进，长江三角洲平原不断扩大，太湖下游水道之一的东江河道延长，流经上海地区的松江、青浦、金山一带的低洼地区。由于地陷，东江流域开始淤塞，加之汛期湖水泛滥，长年累月就形成了淀山湖、泖湖等湖泊荡池。

淀山湖古称薛淀湖，南宋《云间志》（又称《绍熙云间志》）中开始有薛淀湖的记载。

古时泖湖地区属由拳县，秦时陆沉为谷，曰谷水，下通松江（吴淞江）。泖湖旧称三泖或谷泖，又谓谷水即三泖，一水而二名。[8]

第三章 松郡三泖：沪渎渊水之源

第一节　古江吴淞

一、松郡与松江

松郡指古代松江地区。松江地区古称华亭，别称有茸城、谷水、云间等。

"华亭"一说得名于东吴大将陆逊功封华亭侯，一说得名于吴王寿梦在此筑亭"以为停留宿舍之所"。"茸城"即鹿城，源于松江一带古时有丰腴的供鹿群繁衍生息的肥沃水草地。"谷水"则源自西晋著名文学家陆机的《赠从兄车骑诗》"仿佛谷水阳，婉娈昆山阴"；唐代陆广微著《吴地记》也载"华亭县，在郡东一百六十里，地名云间，水名谷水"；元末明初陶宗仪著的《辍耕录·诗谶》更清晰地记载："谷水、云间皆松江别名也。""云间"则是松江的雅称，源于南朝宋刘义庆著《世说新语》所载典故。《世说新语·排调》载："荀鸣鹤、陆士龙二人未相识，俱会张茂先坐。张令共语，以其并有大才，可勿作常语。陆举手曰：'云间陆士龙。'荀答曰：'日下荀鸣鹤。'"

松江除指松江地区外，也指吴淞江，其为松江原名，至于"淞江"为何变"松江"，缘于古代的民间传说。据说古时候，吴淞江时有洪水泛滥，为避邪去灾，人们将"淞"字去三点水，改称"松江"。明代《蜀都杂抄》载："吾郡松江，本缘淞江得名，其地下每有水灾，乃去'水'而作郡。"宋代《绍熙云间志》"松江"条载："松江在县之北境七十里，其源始于太湖口而东注于海。"另"沪渎江"条载："在县东北，《吴郡记》：'松江东泻海曰沪海，亦谓之沪渎。'"

二、淞江千秋

吴淞江古名松陵江、笠泽江或松江，唐代《吴地记》载："松江，一名松陵，又名笠泽。"吴淞江源出东太湖，经江苏省的吴江、昆山两地进入上海市区，在外白渡桥汇合黄浦江后入海。今吴淞江全长125公里，是沟通江苏省和上海市的主要航道之一。

吴淞江之名最早见于《后汉书·左慈传》："尝在司空曹操坐，操从容顾众宾曰：'今日高会，珍羞略备，所少吴松江鲈鱼耳。'"

古时吴淞江是太湖泄水入海正脉，由太湖流出后一分为三，即南支东江（上江）、北支娄江及中支松江。当时吴淞江江面宽阔，水流平缓，有"古江蟠曲如龙"的说法。古人曾以"吴淞之水震泽来，波涛浩瀚走鸣雷"的诗句来形容它满载太湖之水滚滚东去的情景。嘉庆《上海县志》载："吴松江唐时阔二十里，宋时阔九里，后渐减至五里、三里、一里，其故道在今江之北，今所谓旧江（虬江故道）是也。"

宋代开始，吴淞江逐渐淤塞。明代，在水利官员夏原吉主导下，将吴淞江下游改道黄浦江入海，史称"江浦合流"。

尽管吴淞江下游改道黄浦江入海，但入海口仍称吴淞口而没有称黄浦口，如图3-1所示。

图3-1 吴淞口远眺

历史上吴淞江既是太湖排水入海的主要水道，也是一条重要航道，唐代已在松江南岸设立青龙港，据《青浦县志》载："孙权造青龙战舰于此，故名。唐时控江连海，置镇防御。"这是上海港的发端。

上海开埠前，吴淞江的名称沿用已久。1848年上海道台与英国驻沪领事签订展拓英租界的条约，在文本中，首次称吴淞江为苏州河。当今上海市区的苏州河如图3-2所示。

图3-2 当今上海市区的苏州河

第二节 申江黄浦

一、黄浦前世

黄浦江也称黄浦塘、黄浦、黄龙浦、黄浦港、大黄浦、黄歇浦、春申浦、申江、春申江等。

黄浦江最早的名称是宋代的"黄浦塘"，为吴淞江的一条支流。崇祯《松江府志》记录高子凤撰《南积善教寺记略》载的"西林去邑不十里，东越黄浦。"说明宋代已开始有"黄浦"之名。江浦合流后，黄浦水势增大，其后遂有"大黄浦"之称。

清代始称黄浦江。而黄歇浦、春申浦、申江、春申江等名称是后人附会黄浦江是战国时春申君黄歇开凿的而命名的。

二、黄浦夺淞

北宋之前，吴淞江河道宽达5公里，有"一江可敌千浦"之势。但其在宋代虽经历三百余年的裁湾疏浚等整治，到元代仍日趋萎缩。明代太湖发大水，吴淞江虽疏浚开通仍不能宣泄太湖洪流。治水官夏原吉采纳上海当地书生叶守行的建议，放弃弯曲易淤的吴淞江下游河道，疏通范家浜，引黄浦水入吴淞江，形成黄浦—范家浜—吴淞江新河道，史称"江浦合流"或"黄浦夺淞"。江浦合流过程如图3-3所示。

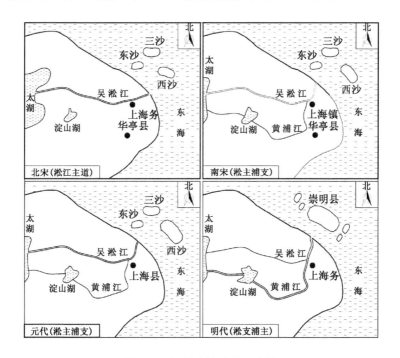

图3-3 江浦合流过程示意图

吴淞江下游段改道后，其故道被称为旧江或虬江："旧江即虬江，以其屈曲如虬故名，非有二也。"（清同治《上海县志》）原来的吴淞江自西向东入海，与今日的黄浦成十字形交叉，浦西、浦东部分分别称西虬江、东虬江。新江以黄浦江为主流。历史上因吴淞江而得名的吴淞口仍沿袭旧称至今而非称"黄浦口"。

三、黄浦今生

黄浦江是长江下游支流,是上海地区最长最宽的干河,也是上海的"母亲河"。从淀峰至吴淞口全长大约114公里,泖港以下干道段长83公里,此段被称黄浦江。黄浦江集航运、供水、灌溉、排水、旅游于一身,是一条多功能河道,亦是太湖流域主要排水河道。

"浦江之首"是黄浦江的零公里起点,也称"浦江源头"或"浦江源",位于上海市松江区石湖荡镇,来自江浙的斜塘江和圆泄泾在此处汇集,形成一块三角洲,经横潦泾流入黄浦江。

黄浦江是上海的地标河流,也是上海的重要水道。流经上海市区的黄浦江,将上海市分成浦西和浦东两大板块。当今黄浦江图景见图3-4。此图为黄浦江西岸艺术中心段,显示了黄浦江码头遗留的塔吊设施,是黄浦江工业遗址的一部分,远景是黄浦江上的繁忙运输船只和杨

图 3-4　黄浦江图景

浦大桥。

江浦合流后，吴淞江流入黄浦江的汇合地段逐渐发展成为今天上海外滩的中心区域，也是上海主要的城市地标之一。苏州河与黄浦江的汇合口见图3-5。

图3-5 苏州河与黄浦江的汇合口

如果说黄浦江是上海的母亲河，那么吴淞江就是上海的祖母河。

第三节 松郡三泖

一、三泖前世

松江由太湖流出后分为北支娄江、中支松江和南支东江。东江南下流入今淀山湖一带，流出后的水系称为谷水，也称谷湖、谷泖或华亭谷。之所以称谷水，是由于在古时该地区陆地沉陷为谷，这一地区是古时的泖湖地区，故谷水也即三泖。《水经注》载："《吴记》曰：一江东南行七十里，入小湖，为次溪，自湖东南出，谓之谷水。谷水出吴小湖，迳由卷县故城下。"（北魏·郦道元《水经注·卷二十九》）

泖是指既有湖泊又有河流的不规则水系。《康熙字典》注："泖，音卯，水名。在吴华亭县有圆泖、大泖、长泖，共三泖。亦作茆。"

三泖也称"松郡三泖""华亭三泖"，是今日松江、青浦、金山区和浙江平湖之间大湖荡的古称，是太湖流域重要的东江水道。南宋《云间志》载："泖，水名，华亭水也。"又载："谷泖，县西三十五里，周围一顷三十九亩半。古泖，县西四十里，周围四顷三十九亩。今泖，西北抵山泾，南自泖桥出东南至广陈，又东至当湖，又东至瀚海塘而止。"

古三泖北承淀山湖来水，西纳杭嘉湖平原来水，经金山一带河道汇入古柘湖，下游通过众多河浦流入杭州湾。

二、三泖分布

北宋《吴郡图经续记》载："盖所谓谷湖者，即谷水之旧迹也。又南接三泖，泖有上、中、下之名。故传陆士衡对晋武帝云：'三泖冬温夏凉。'盖此地也。泖之狭者，犹且八十丈，又下接海盐之芦沥浦。"《读史方舆纪要》载："西北抵山泾，水形圆者，曰圆泖，亦曰上泖；南近泖桥，水势阔者，曰大泖，亦曰下泖；自泖桥而上，萦绕百余里，曰长泖，一名谷泖，亦曰中泖。"《华亭县图》载："以近山泾，泖益圆，曰'团泖'；近泖桥，泖益阔，曰'大泖'；自泖而上，萦绕百余里，曰'长泖'。"

由上可知，三泖按照流域上下游分上、中、下泖。按照形状分，上泖因形如长带故名长泖，又因谷水为泖之源头，所以长泖亦称谷泖；中泖因面积较大而称大泖；下泖呈圆形称圆泖或团泖。

古时圆泖中有小洲，唐代福田寺僧如海在此建澄照禅院及五级浮屠泖塔，明代又陆续兴建了大雄宝殿等建筑，五层方形泖塔至今还耸立着。

在清代《浙西水利备考》的《东南水利总图》中可以见到标示着古三泖在太湖流域的区域位置，如图3-6。

图 3-6 东南水利总图

三、三泖今生

时至今日,三泖已经淤塞殆尽。古上泖(长泖、谷泖)在今金山、平湖间,淤塞后全被围垦为荡田,也称泖田。

中泖(大泖)在今金山、松江之间,也已全部围垦为荡田(泖田),今松江五库的万亩泖田、泖港镇的泖田及大泖港等都是古代大泖的遗址。上海松江区由泖湖淤塞成的大片泖田见图3-7。

图3-7 松江区泖田

下泖(圆泖、团泖)在今松江、青浦之间。圆泖为后来的黄浦江源流之一,经历代疏浚,得以保存至今,是古代泖湖的仅存部分,今称泖河。泖河中有一名为泖岛或称泖塔圩的小沙洲,今也称太阳岛,岛上至今还耸立着一座秀丽的五层方形宝塔,俗称泖塔。上海青浦区的泖河及泖河中太阳岛上的泖塔见图3-8、图3-9。

古代三泖在今上海的区域位置见图3-10。

图 3-8 青浦区的泖河

图 3-9 太阳岛上的泖塔

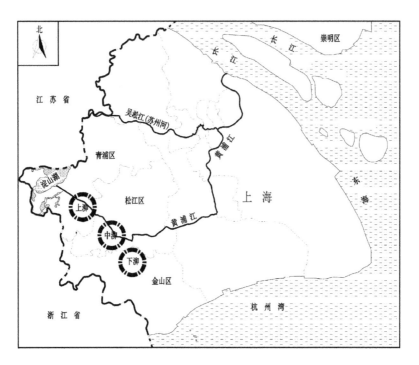

图 3-10 三泖在今上海区位图

第四节 荡漾河湖

一、河湖水类

上海是经济文化发达区域，位于中国南北区域中心地带，加之地属滨海，河网密布，港汊纵横，河流及关联体的名称既有共性，也有特性。归纳起来，水体名称有江、河、湖、泖、港、浦、荡、泾、沟、沥、洪、漱、渎、浜等十多种；水系关联体有岛礁、沙洲、边滩、嘴汇等[7]。

（一）湖泊类。据水体规模分泖、湖、荡、漾、淀等，如三泖、淀山湖、柘湖、任屯荡、元荡、诸曹漾、雪落漾、西洋淀等。

（二）江河类。江河类一般为大水体，如吴淞江、娄江、东江、黄浦江、虬江、苏州河、淀浦河、太浦河、运石河、南横引河、浦东运河等。

（三）中小水系。有浦、港、塘、泾、浜、渎、沟、沥、洪、漖、泖、潦、漕、淑等类型，如上海浦、下海浦、龙泉港、六灶港、三林塘、通波塘、白莲泾、横潦泾、洋泾浜、肇家浜、横沥、三沙洪、华漕、浦淑等。

（四）其他水体。包括潭、泉、涧、濠、池等。

（五）关联水体。关联水体包括港口、渡口、边滩、嘴汇湾、沙洲、岛礁、冈身等。港口类如青龙港、龙华港、上海港、洋山港等；渡口类如下坊渡（夏防渡）、杨家渡、米市渡等；边滩类如外滩、崇明东滩、奉贤边滩、南汇边滩等；嘴汇湾类如陆家嘴、南汇嘴、金山嘴、徐家汇、南汇、江湾、土山湾等；沙洲类如东沙、西沙、川沙、下沙、瀛洲等；岛礁类如崇明岛、长兴岛、大小金山岛、太阳岛、鸡骨礁、牛皮礁、扁担礁、黄瓜礁、老鼠礁等；冈身类有外冈、竹冈、紫冈、南横泾冈等。此外还有沪渎、汀（如汀里）等。

在上述水体名类中，独具特色的是"泖"。"泖"本指停蓄不湍的河湖水体。古上海地区的三泖，既包含"泖河"的意思，也包含"泖湖"的含义，是兼具河、湖特点的水体。

古代上海河道命名为"塘"或"浦"是有讲究的，即所谓的"横塘纵浦"。《三吴水利录》载："于沿海之地，及江之南北，或五里七里而为一纵浦，又五里七里而为一横塘。"

在上海对河流的上下游的称谓也有当地习惯，一般称河流上游为"里"，下游为"外"。如苏州河最下游汇入黄浦江处的桥为"外白渡桥"，而由外白渡桥往上游方向的第一座桥称"里白渡桥"（今乍浦路桥）。又如以陆家嘴为界的黄浦江上游称"里黄浦"，里黄浦的河滩称"里黄浦滩"，即"里滩"；下游称"外黄浦"，外黄浦的河滩叫"外黄浦滩"，即"外滩"——上海著名的十里洋场。以陆家嘴一带为例，上海河流的里、外区分见图 3-11。

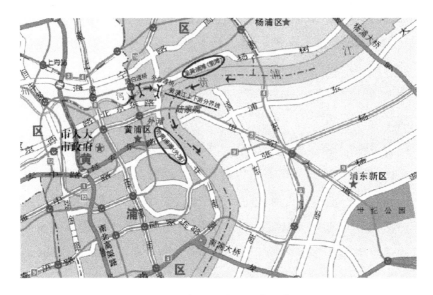

图 3-11　上海河流的里、外区分图示

二、湖荡水体

(一) 淀山湖

淀山湖（图 3-12）古称薛淀湖，简称淀湖。淀山湖所在地区远古时是陆地，从战国时期开始，该地区逐渐陷落，形成湖泊。淀山湖在南

图 3-12　淀山湖

宋以前由马腾湖、谷湖等连接而成，因原有淀山在湖中而得名。

南宋《云间志》载："（淀湖）在县西北七十二里，有山（淀山）居其中，湖之西曰小湖，南接三泖……淀湖周回，几二百里，茫然一壑，不知孰为马腾湖，孰为谷湖也。"可见，宋代的淀山湖湖境宽阔，气势宏伟，一望无边。南宋后湖面开始萎缩，到了元代，淀山已经不在湖中。光绪《青浦县志》载："薛淀湖在县西，有山居其中，其源自吴江、白蚬江经急水港而来，周围几二百里……淀山，宋时山在水心……后潮沙淤淀，渐成围田。元初，湖去山西北已五里余。"清代时，淀山湖周长已经缩为35公里，淀山距湖有2.5公里远。

今日淀山湖位于上海市青浦区，与江苏省吴江、昆山毗邻，属太湖水系，呈葫芦形，是上海地区最大的天然淡水湖泊，也是黄浦江上游的天然水库。湖泊长约15公里，宽约8公里，分属上海和江苏省两地。淀山湖上游承接太湖来水，下游出水经河道进入黄浦江，是黄浦江的主要水源地之一。

（二）柘湖

柘湖是古时华亭县境内另外一个大湖泊，今已淤塞成陆。

柘湖古时位于今上海市金山区东南朱泾镇一带，湖中有一山，由于山上长满柘树，故名柘山。唐询在《柘湖》一诗中有注曰："湖中有小山，生柘树，因以为名。"另《吴越春秋》载："海盐县沦没为柘湖。"唐代柘湖面积多达几百平方公里，此后逐渐淤塞，明代时已淤积成陆。柘山后也改名为甸山，一说淀山、小淀山（区别于淀山湖的淀山），今此山已经采挖成平地。

（三）其他湖荡

古时除三泖、淀山湖和柘湖外，淀泖湖群中还有鼋荡、大莲湖、邢窦湖、瑁湖等湖荡。

鼋荡亦名元荡、阮荡，因荡形如鼋而得名。原是淀山湖的一个湖湾，后因芦滩封淤成为淀山湖的一个子湖。大莲湖因传说古时在夏秋期间常能在湖中淘得莲子而得名。邢窦湖因旧有邢、窦两姓居住湖畔得名，现称樱桃河。瑁湖又名陆瑁池、西湖或旧西湖，系为陆瑁养鱼池得名，元代建有西湖书院，后因泥沙淤塞成陆，现仅存小河沟[7]。

此外，还有滴水湖、金海湖、富林湖等。

三、浦浜水系

（一）上海浦与下海浦

"上海"之名源于古吴淞江南岸的"上海浦"，北宋时在上海浦设置征收酒税的"上海务"，至此开始用"上海"之名。"上海浦"最早出现在北宋《吴门水利书》（郏亶撰）中，书中记载了松江南部十八条大浦，其中就包括上海浦和下海浦。

上海浦位于古代上海县城东侧，自南往北流入吴淞江。明代《上海县志》载：上海浦在"县治东"。明代《东吴水利考》载："上海浦即大黄浦下流合江处。"明代之后，上海浦由于淤塞及黄浦江水系拓宽，最后消失。

古上海浦就在今天上海重要地标的陆家嘴古区域，陆家嘴所在地与上海浦位置关系见图3-13。

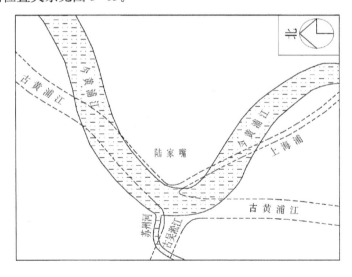

图3-13 上海浦与陆家嘴位置关系图

下海浦则是与上海浦对应的一条河浦，清代《上海县志》载："上海浦在俞家浜北，对岸即浦北之下海浦。"清代上海浦、下海浦、黄浦江及吴淞江水系位置关系见图3-14。

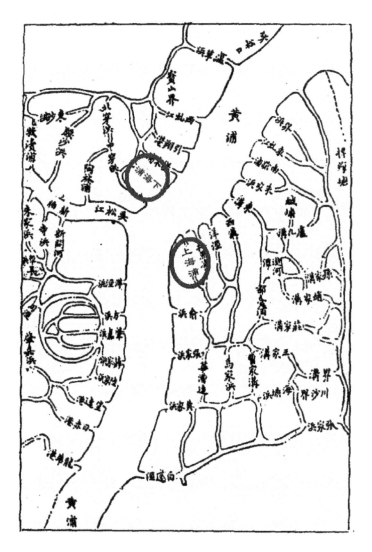

图3-14　上海浦与下海浦位置（清同治《上海县志》）

下海浦在古时是个小渔村，清代当地船民、渔民在此建庙，供奉海神义王，称"义王庙"。由于地处下海浦，所以也称下海庙。

(二) 洋泾浜

洋泾浜又名西洋泾浜，原是黄浦江的支流，因通洋泾港而得名。明代黄浦江水系形成后，分为东、西两段，浦东段为东洋泾浜，浦西段称为西洋泾浜。东段逐渐淤塞后，西段就不再冠以"西"字，直呼洋泾浜。彼时浜两旁全是田野旷地，间有弯曲小道。上海开埠及租界被划定后，洋泾浜成为英法两国租界的界河，洋泾浜也成了租界的代名词。19世纪末的洋泾浜见图3-15。

图 3-15　19 世纪末的洋泾浜

(2017 年 12 月摄于上海城市规划展示馆)

洋泾浜自成为英法两租界界河后，周边一带开始热闹繁华，中外商户纷至沓来，开户办社，有亚细亚火油公司、《泰晤士报》、汇理银行、友邦银行、万国储蓄会、中汇银行、华商证券物品交易所和中国最早的电政局等。民国大世界游乐场开设后，这一带更加繁荣。

因洋泾浜河窄船多，拥挤不堪，且浜水污臭，租界当局决定填浜筑路，并于民国初修筑成路，命名为爱多亚路。之后路名多次修改，由爱多亚路变更为大上海路、中正东路，1950 年改为延安东路至今。图 3-16 为洋泾浜的今生——延安东路。

图 3-16 延安东路（填筑前洋泾浜的所在地）

洋泾浜既是英法两国租界的界河，也地处华界与租界交汇地带。在当时，洋泾浜周边众多黄包车夫、修鞋匠等小摊贩，为方便和不谙中文的洋人交流，自学了几句常用的英语口语。由于其口语发音不纯、似洋非洋，被人戏称为"洋泾浜英语"。尽管"洋泾浜英语"来源混杂、词汇贫乏，但语言结构简单清晰，很实用。此后，"洋泾浜"成了混杂语的代名词，洋人讲的蹩脚中国话、外地人讲的不标准的上海话，都被称为"洋泾浜"。

（三）其他水系

其他水系有彭越浦、俞泾浦、六灶港、虹口港、金汇港、龙泉港、三林塘、通波塘、古浦塘、白莲泾、华田泾、横潦泾、蕰藻浜、封浜、沪渎、横沥、三沙洪、华漕、浦溆等。

需要说明的是，上海地区河道用港命名时，其中的"港"不是"港口"之义，而是"灶港"之义。上海沿海一带古时即是海盐出产区，盐场开挖有引海潮入场和对外运输盐产品的河道。典型盐场如《四库全书》的《熬波图》中记载的下砂盐场（今也称下沙盐场）。由于海岸线一直东移，盐场场址随之不断向东推移，场内各团盐灶也就不断东迁。

盐场东移后,原引潮河道位于场部西侧,也逐渐成了盐场对外运输的运盐河。因与盐场的灶团相通,这些河道被称为"灶港"。[4]上海浦东新区下沙老街的"下沙路"和"四灶港"遗址见图 3-17。

图 3-17　古下砂盐场的"下沙路"和"四灶港"遗址

第五节　江湾浦滩

一、岸滩类别

上海地区的江浦岸滩关联体包括港渡、边滩、嘴汇湾、沙洲、岛礁、冈身等。其中边滩类如外滩、崇明东滩、奉贤边滩、南汇边滩等;嘴汇湾类如陆家嘴、南汇嘴、金山嘴、徐家汇等;沙洲类如东沙、西沙、川沙、下沙、瀛洲(崇明岛)等。

二、洋场外滩

外黄浦滩原是黄浦江岸芦苇丛生地带,图 3-18 为上海开埠前的黄浦江沿岸景象。

图 3-18 上海开埠前黄浦江沿岸景象

(2021 年 5 月摄于外滩历史纪念馆)

上海开埠后,近代城区从外滩开始慢慢扩展开来,造就了"万国建筑博览群"的十里洋场。外滩的开发建设是从黄浦江与苏州河交汇地带的外滩源起步。图 3-19 为清代末期的苏州河与黄浦江交汇地带。现今从黄浦江东岸眺望外滩的景象见图 3-20。

图 3-19 清代末期的苏州河与黄浦江交汇地带

(2021 年 5 月摄于外滩历史纪念馆)

图 3-20 外滩远眺

从山水形态来看，外滩只是黄浦江的河滨滩地，但从文化上看，外滩是近代中国历史进程的缩影，是建筑文化艺术的瑰宝，也是上海的历史文化遗产。外滩历史建筑街区城市天际线见图 3-21、图 3-22。

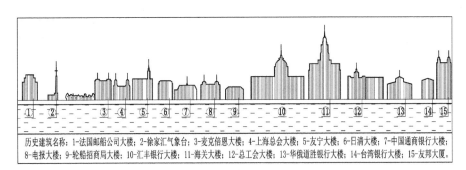

图 3-21 外滩历史建筑街区天际线（南段）

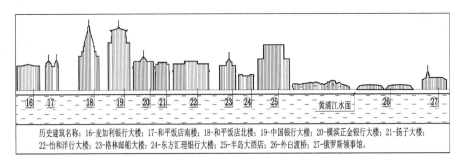

图 3-22 外滩历史建筑街区天际线（北段）

三、上海地标陆家嘴

上海地名中的"嘴"是指水体岸边的陆地突入水中形成的嘴型凸岸,与之对应的是"湾"。著名的有陆家嘴、南汇嘴、金山嘴、龙华嘴、宝山嘴等。

陆家嘴为黄浦江东岸张家浜到其昌栈段的半岛形凸岸,与浦西的外滩隔江相望。明代江浦合流后,黄浦江水自南向北与吴淞江在此处汇合,东进长江入海。汇合东折处,河流在浦江东岸堆积形成嘴形滩地,因明代时陆氏家族世居于此而称陆家嘴。图 3-23 为在外滩正面眺望的陆家嘴。

图 3-23　陆家嘴远眺

四、文化重镇徐家汇

上海地名的"汇"是指多条水系交汇点,典型的如徐家汇、南汇等。

徐家汇原为肇嘉浜上的一个小村落,因明代著名科学家、中西文化交流第一人的徐光启在此建筑农庄、从事农业试验和著书立说,去世后也葬于此,加之地处蒲汇塘、肇嘉浜和李漎泾三水汇合处,故得名"徐家汇"。图3-24为徐家汇南丹路的光启公园,内有徐光启墓地和纪念馆。

图3-24 徐家汇光启公园

徐家汇不仅是河流交汇处,也是中西文化交汇地,还是海派文化的发祥地。1864年,土山湾孤儿院建立,随后创办了土山湾孤儿院工艺场,内设的土山湾画馆将西洋画中的多种技术因素贯穿自己的画作中,构成了继北方清宫油画、南方外销油画之后近代中国"西画东渐"又一处重要的样板和典型。美术大师徐悲鸿先生直言:"土山湾亦有可画之所,盖中国西洋画之摇篮也。"徐家汇观象台成立于1872年,是一座集气象、天文、地磁等于一体的观象台,曾被誉为"远东气象第一台"。1910年10月22日落成的徐家汇天主堂,规模宏大,装饰华丽,被誉为"远东第一大教堂"。

五、古盐滩下砂

上海地区的沙洲是由长江夹带的泥沙堆积形成的沙带、沙岛,典型的如崇明、长兴、横沙等。古下砂所在地滨海滩地原在上海东南的沙带上,对应于北崇明的"上沙"而被称为"下沙",下沙古时也作下砂。

下砂也称鹤沙、下沙。鹤沙得名源于三国时期东吴名将陆逊曾于此养鹤，当地也盛产白鹤，《谰言长语》载："鹤惟华亭县鹤巢村所出者为得地，他处虽时有，皆凡格也。"下砂之名来自《熬波图》中的下砂盐场，《熬波图》载："浙之西华亭东百里实为下砂。滨大海，枕黄浦，距大塘，襟带吴松、扬子二江。直走东南皆斥卤之地，煮海作盐，其来尚矣。"今新场古镇就是古下砂盐场东移后的地址。元代下砂盐滩区域位置见图 3-25。

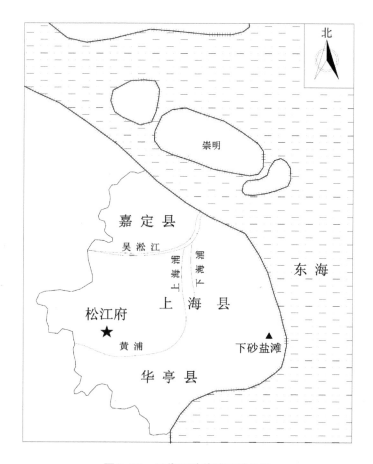

图 3-25 元代下砂盐滩区域位置

下砂所在地成陆较早，在唐代已是"地多斥卤"的沙滩。下砂的名气在《熬波图》成书时已有，也成为中国经典古籍中的上海品牌。

明代后期，由于海岸线东移，下砂盐场也东移，至今新场古镇位置。

下砂原属上海市南汇区下沙镇，2002年行政区划调整后为浦东新区航头镇下沙居委会。

第四章

云间九峰：沪渎山土之根

第一节 云间九峰

一、九峰前世

云间九峰也称松江九峰、松郡九峰，指位于松江区境内的九座山峰，这九峰海拔均在100米以下，由西南往东北走向，延续近15公里，依次为小昆山、横山、机山、天马山、辰山、佘山、薛山、库公山、凤凰山。九峰之名最早出现在宋代诗人凌岩的《九峰诗》中，诗人对凤凰山、陆宝山、佘山、细林山、薛山、机山、横云山、干山和昆山等九峰分别作诗。元代著名文学家杨维祯、陶宗仪则称"凤、库、佘、辰、薛、机、横、天马、昆"为九峰。可见，历史上各时期的九峰与现今所指略有不同。由于陆宝山石少、土质优良，因此被大量挖采，明代时已夷为平地，后人乃以库公山代陆宝山列入九峰，以保持九峰的完整性。

众所周知，"峰"本义是"高而尖的山头"，《说文解字》载："峯，山耑也。从山夆声。"而云间九峰海拔均在100米以下，照理都是一般的小山丘，为何却被称为"峰"？主要是因为在江南平原，尤其是上海地区滨海平原，山丘罕见，而松江地区却出现那么多山丘，古时官府、百姓都视为天赐尤物，所以把它们称为"峰"。

二、九峰分介

（一）小昆山

小昆山原名昆山，俗称牛头山、金牛山，是西晋著名文学家陆机、陆云的故乡，后人以"玉出昆冈"赞誉。后为区别于江苏昆山县的昆山而改称小昆山。小昆山海拔54.3米，有南北两峰，远望如卧牛，故又有"牛头山"之称。而"金牛山"得名于小昆山下有金牛的传说。小昆山是九峰中最南端的山峰，也是紧邻三泖的山峰，清嘉庆《松江府志》

中的《三泖图》清楚地描绘了小昆山与三泖图景（图 4-1）。可以看到，小昆山紧邻长泖，山下是成片的农田，还有一些村庄农舍。

图 4-1　《三泖图》中的小昆山（清嘉庆《松江府志》）

（二）横山

横山是介于天马山与小昆山之间的九峰之一，因山势作东西向横卧，故名横山。横山又称横云山、扁担山。唐代时为纪念西晋著名文学家陆云改名为横云山，宋代《云间志》载："（横云山）唐天宝六年易今名，与机山相望仅五里许，或云因陆云名之。"横山海拔约68米，是九峰中山水最美的一座，为明代松江画派描摹江南山水的模特山。

需要说明的是，在横山所在地附近还有一"小横山"，原是横山东部隔河的一座小山，俗称"小赤壁"，在近代已被开采挖完，留有地下大坑，现改造建成上海佘山世茂深坑酒店。对于小赤壁，明代画家董其昌还作过《小赤壁诗》："吾松山有九，皆以海为沼。东海既以大，赤壁何当小？"

（三）机山

机山因西晋大文学家陆机得名，因山体较小亦称小机山，海拔约38.9米。《云间志》载："因陆机得名，山下有村曰平原，亦因陆平原名之，平原内史，即机也。"由于早前长期开山挖石，如今的机山山体只剩下原来的一半。

（四）天马山

天马山原名干山、干将山，俗称烧香山，因其山有两峰，形如行空天马而得名。传说春秋时吴国的干将在这里铸剑而称"干山"。宋代《云间志》载："旧图经云昔有干氏居此，《圆智寺记》云，兹山后皆干氏所有，故以为名。"古时山上有几座庙宇，每逢阳春三月香火旺盛，故也俗称烧香山。

九峰高程均在海拔100米以下，天马山则是九峰中的最高山，海拔为98.2米。北宋时期建造的护珠塔至今仍屹立在山巅。

（五）辰山

辰山本名秀林山，唐代改名为细林山。因位置在九峰山群中的"辰"（东南方）位，因此命名"辰山"。传说古时候神仙彭素云曾经居住在山中，所以又称神山。辰山海拔69.8米。

(六) 佘山

佘山位于佘山镇境内，分东、西两山峰。西佘山海拔 97.2 米，方圆 0.6 平方公里；东佘山在西佘山东 0.5 公里，海拔 68 米。

据说古时候有佘姓人氏在此山修道，因而得名"佘山"。宋代《云间志》载："旧传有姓佘者居此，因名焉。按姓苑，佘姓出南昌。"佘山因东、西两山犹如双蛇而称"蛇山"。又因山上长满竹子，所产竹笋有兰花的香味，据说清代皇帝康熙南巡时游佘山，品尝佘山竹笋后大为赞赏，赐名"兰笋山"。

清代同治时期，在西佘山山顶建了一座天主教堂，是当时"远东第一大教堂"，是佘山景区的著名景点。到清代光绪时期，又在山顶上兴建了一座天文台，也是佘山景区的著名景观。西佘山在九峰山中海拔标高第二，仅次于天马山。图 4-2 为西佘山图景。

图 4-2　西佘山远眺

另外要说明一下，上海还有个与佘山毫无关联的佘山岛，佘山岛是个岩岛，位于长江、东海和黄海的汇合处，西距崇明岛约 37 公里，海拔标高 70 米。

(七) 薛山

薛山也称玉屏山，位于佘山镇内，南眺东佘山，东望凤凰山。因唐代薛道约居此而得名。宋代《云间志》载："《吴地记》云，薛道约居此，因以为名。"据说古时山下曾挖出刻有"玉屏"字的石板，因山形也像屏风，故又称玉屏山。薛山海拔74.1米。现今的薛山东北坡已因开挖被夷为平地。

（八）厍公山

厍公山位于佘山镇境内的凤凰山南部，因古时厍公隐居于此而得名，清代《九峰咏》载："秦时亢桑子（厍公）隐居于此，乃山名之源。"古人将厍公山比作一轴宝书，与凤凰山一起喻为"丹凤衔书"。[9]

明代因位列九峰第二的陆宝山被开挖夷为平地，故崇祯《松江府志》中列厍公山为九峰第二，代替陆宝山，以维持完整的九峰。

厍公山是九峰中最小的山丘，海拔仅约10米。

（九）凤凰山

凤凰山位于佘山镇境内，山形呈"十"字，如同展翼翱翔的凤凰，故得名。凤凰山居九峰之首，位置在九峰山群的最东处，海拔标高51.1米。

（十）陆宝山

陆宝山位于松江区佘山镇境内，本名陆氏山，曾经位列九峰山的第二位，位置介于凤凰山和薛山之间。宋代《云间志》载："陆宝山在县西北二十五里，亦本陆氏家山。"

传说陆宝山中有发光的金柱，故得名"陆宝"。陆宝山石头少且土质优良，明代《松江府志》载："（陆宝）山多土少石，而土又美，人争取之。"[7]因大量挖采，明代时已夷为平地。后人改以厍公山代替陆宝山列入九峰，以保持九峰的完整。

九峰在上海的区域位置见图4-3。

九峰山在元明就名声在外，从明代《金山卫兵防图》可见一斑。设立军事卫所和墩堡是明代上海沿海地名的特色。类似金山卫之类的卫所是明代的军事机构，其有一定的区域设防功能。《金山卫兵防图》（图4-4）尽管是金山一带的地理兵防图，却不遗余力地标示了九峰山和

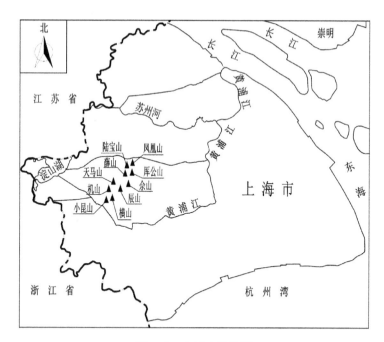

图 4-3 九峰山区位图

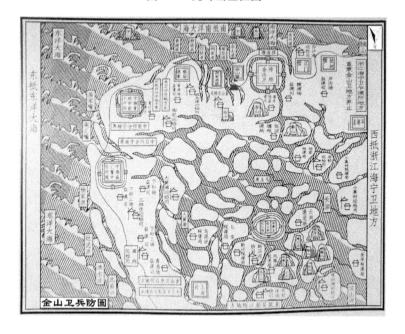

图 4-4 金山卫兵防图

长泖的地理区位，其中九峰山标示出陆宝山、横云山、薛山、昆山、机山、凤凰山、干山多达7座，表明九峰三泖在明代是重要的地标。

第二节　峰外有山

一、峰山概况

实际上，除云间九峰外，松江区至少还有另外12座山峰，总计21座山。据南宋《绍熙云间志》记载，除九峰外，还有淀山、金山、土山、泰山、达山、竹屿山、许山、干山、遮山、浮山、苏山、严山等12座山。

二、峰外自然山

上海地区的自然山除上面提到的九峰山外，还有大大小小各类山脉总计近30座。

1. 淀山

淀山现在上海青浦镇，西距淀山湖约2公里。宋代时，淀山在淀山湖中，后因泥沙淤积，湖面缩小，淀山与淀山湖分离而成为陆地上的一座山。

2. 金山三岛

当今杭州湾内的大金山岛、小金山岛和浮山岛统称金山三岛。宋代以前，是陆上相连一体的三座山峰，古称"钊山"，因山上长满黄花又称"金山"。南宋时沦陷入海，三峰变成露出水面的三岛。大金山岛顶峰海拔高约105米，是上海市地面最高点。小金山亦称胜山、焦山，位于大金山西北，海拔高约34米。浮山又叫乌龟山、玉盘山，位于大金山南，海拔高约32米。清代《华亭县志》载："浮山即玉盘……又名龟山，皆象形也。"从海岸边眺望金山三岛见图 4-5。

图 4-5　金山三岛远眺

3. 秦山

秦山又名秦望山、秦皇山、秦驻山、白善山，位于金山区，海拔高程 32 米。传说秦始皇南巡曾登此山望海，山上留有秦皇道（驰道）遗址（图 4-6）。

图 4-6　秦望山

三、峰外人工山

由于祭祀、航运及园林营造需要，上海地区从古至今由人工修筑的山峰有 10 余座，其中不乏像宝山之类名声在外的"虽由人作，宛自天开"的山。

1. 宝山

明代漕运繁忙，而长江口一带风急浪高，通航条件恶劣，又没有导航标志，严重影响航道安全。据《明史》记载，水军统领陈瑄上奏："嘉定濒海，当江流之冲，地平衍，无大山高屿。海舟停泊，或值风涛，触坚胶浅辄败。宜于青浦筑土为山，立堠表识，使舟人知所避，而海险不为患。"永乐皇帝准奏后，陈瑄组织修筑"方百丈、高三十余丈"的土山，皇帝"赐名宝山，御制碑文纪之"。从此，宝山成为中国海运史上的第一座航标。明代万历年间，宝山被大海潮冲毁。

之所以赐名土山为"宝山"，永乐皇帝是"因民之言"。传说当地百姓曾经隐约看见海面上漂浮着一座山，传言山上全是价值连城的金银财宝，百姓深信此山是上天的恩赐而称其为"宝山"。宝山位置如明代《嘉定县志》中的宝山所图所示（图 4-7）。

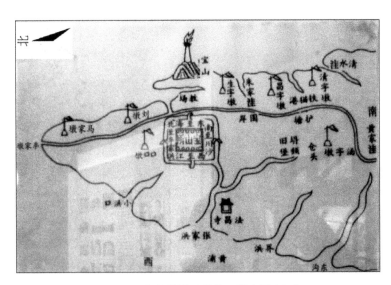

图 4-7　宝山所图（明代《嘉定县志》）

2. 应奎山

应奎山位于上海市嘉定区嘉定孔庙南侧的汇龙潭公园内，海拔高40米，如图4-8所示。

图 4-8　汇龙潭公园的应奎山

早先在孔庙正南部有宋代建成的留光寺相对。后众多士人认为儒佛相望不相类，有碍孔庙风水，不利于应试中举，故明代时县府下令修筑屏障山遮挡，并命名为应奎山。后来又开挖了大水潭，将孔庙周边的五条水溪引到庙前。

透过孔庙南门的仰高坊（图4-9）可以望见其外水潭（汇龙潭）中的应奎山。

3. 金鳌山

金鳌山简称鳌山，又称金凤山，坐落于上海市崇明区的金鳌山公园，海拔12米，据说筑于宋代。清代有大户人家捐资在山上修建镇海塔，祈求安定祥和。民国时金鳌山在公园中的位置见图4-10，图中可见到金鳌山有九峰，中峰最高，峰顶有玄塔（镇海塔）。

4. 福泉山

福泉山位于上海市青浦区，古称息壤，因山形似覆船又称覆船山，

图 4-9　孔庙正南门的仰高坊

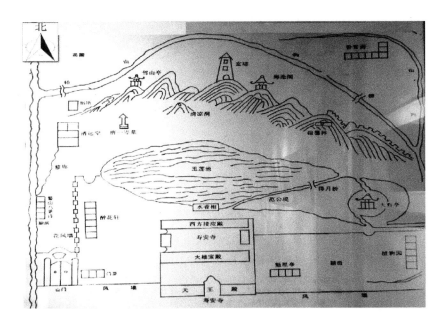

图 4-10　金鳌山公园中的金鳌山（民国）

也因传说有薛道人居于此而称薛道山，后人因山旁有甘泉而称福泉山。山体海拔高7米，为黄土堆筑成，实为古代墓葬地，有4 000年历史，今已成为福泉山遗址（图4-11），是上海地区良渚文化最重要的遗址，被誉为"古代东方金字塔"。

图4-11 福泉山遗址

（2018年11月摄于福泉山遗址）

第五章
九峰三泖：沪渎意象山水

第一节　峰山情深

一、九峰之"九"

上海的山峰水体远不只九峰和三泖，古人之所以提炼出九峰和三泖，和中国传统文化中的"九""三"数字内涵大有关系。在中国传统文化中，数字九和三既有数值之义，也有其他丰富的内涵。

中国传统文化中数字"九"的含义有以下几方面：

（1）表示"上天"。如"九天揽月""九霄云外""九重天"等。"九"也被视为天的象征，天分九层（九天），天诞日为正月初九。

（2）表示"天道"。如《管子》说道："天道以九制，地理以八制，人道以六制。"（《管子·五行》）

（3）表示"天数"。因为九是龙形或蛇形的图腾化文字，古代帝王为了表示自己神圣的权力为天赐神赋，便竭力把自己同"九"联系在一起。

（4）表示"至尊"。如"九五至尊""九龙璧""皇宫九室"等。《易经》说道："九五，飞龙在天，利见大人。"（《易经·乾卦》）。

（5）表示"最高数"。超过九就要进一位，回到"一"了。如《黄帝内经》载："岐伯曰：'九针者，天地之大数，始于一而终于九。'"（《黄帝内经·九针论》）

（6）表示"极限"。如《孙子兵法》载："善守者，藏于九地之下，善攻者，动于九天之上，故能自保而全胜也。"（《孙子兵法·军形篇》）

（7）表示"盛阳"。偶数为阴，奇数为阳，九为最盛阳气。如王逸《离骚经》载："九者，阳之数，道之纲纪也。"

（8）表示"圆满"。"十"为满盈数，极盛则衰，而"九"可升

"十",有圆满之势。

(9) 表示"基值"。传统文化中的分类、古建筑尺度等都是以"九"为基数的,如《孙子兵法》的三十六计、古代"七十二行"等都是"九"的倍数。

(10) 表示"吉利"。"九"与"久"谐音,寓意"地久天长",所以民间有"崇九"风俗,建新房、婚姻嫁娶等常挑选与九相关的日子。

(11) 表示"实数"。九当然还有最基本的数值含义。

综上所述,云间九峰中的"九"并非指松江只有九座山,而是"极多"的含义,说明云间有"众多高高的山峰",表达了古时松江地区山峦连绵众多之实。

在上海使用最大数"九"字的案例除了九峰外,还有如豫园、古猗园、爱俪园、课植园、觉园、丁香花园、半淞园等的"九曲桥"。顾名思义,九曲桥是指桥共分九曲,曲折迂回,蕴含着弯曲最多、吉祥最富的意思。豫园和古猗园的"九曲桥"分别见图5-1、图5-2。

图5-1 豫园九曲桥

图 5-2 古猗园九曲桥

二、九峰情韵

1. 宝山传说

据说，明代时期，原宝山所在地的海面上隐隐约约浮现一座金光闪闪的山，更有甚者还传言那山上非金即银，全是价值连城的财宝。当地百姓深信此山是上天恩赐，所以称之为"宝山"。从现在来看，当时应该是出现了类似海市蜃楼的景象。民间传说虽牵强附会，却寓意美好。后来水军统领陈瑄组织官兵在海边修筑了海运导航用的土山，永乐皇帝为奉承天意，因民之言而"赐名宝山，并御制碑文纪之"。

明代万历年间，宝山被大海潮冲毁，只留下"宝山"这一地名和"御制碑文"的宝山御碑。图 5-3 为宝山区临江公

图 5-3 宝山区临江公园的宝山御碑
（复制品）

园御碑亭内复制的宝山御碑（原御碑存放于浦东新区高桥中学内）。

2. 佘山传说

"佘山"的古称"蛇山"的来源有两种说法，一是源于象形，东、西佘山犹如双蛇一般成对；二是王母斩蛇的民间传说。相传，古时被天宫放逐的两巨蛇在东海上缠斗，搅得昏天黑地、鸡犬不宁。王母怒而命雷公出面轰打，致两蛇坠亡落地，成为东、西"蛇山"。后因"蛇"字不太吉利，遂改名为"佘山"。

3. 神奇之山——辰山与查山

位于九峰辰位的辰山，传说古时神仙彭素云隐居山中，修炼传道。清代嘉庆《松江府志》记载的辰山十景中有"素翁仙冢"，据说就是彭素云的衣冠冢。万历初，在仙冢前建彭真人祠，书有"神鼍仙馆"四字。[9]

另外一座神奇之山是查山，它的神奇之处与大石头镇有关联。大石头镇之名源自查山，民国《重辑张堰志》载："桥下有大石，查山之足，因名。"传说查山西有两块巨石，是查山的脚，此处原有的小集镇就得名"大石头镇"。如今的查山见图5-4。

图5-4 查山

4. 金鳌镜影

金鳌山也称鳌山、金凤山，位于上海崇明区的金鳌山公园内。金鳌山得名原因不详。据《列子·汤问》载："帝恐（仙山）流于西极，失群仙圣之居，乃命禺强使巨鳌十五举首而戴之。"金鳌山地处古瀛洲崇明，金鳌山之名很可能来源于其中的"巨鳌"。宋代《东巡记》载："金鳌，盖一独峰，坡陁樊茂，若鳌背然。正与栅浦相对，两涘之间，略辨牛马。……有人题诗云：'牡蛎滩头一艇横，夕阳多处待潮生。与君不负登临约，同向金鳌背上行。'"山名也有可能源于此。也有传说古时崇明大旱，海中金鳌为救苦难农民，上岸吐水而亡。百姓为报金鳌之恩，挑土筑墓山，取名金鳌山，并建庙纪念。还有传说，清代崇明人沈文镐参加殿试，中了探花后返乡筑金鳌山。

受"云间九峰"的影响，金鳌山清代重筑时按照山有九峰模式建造，在最高的中峰顶建镇海塔，祈求镇止海坍、安定祥和。金鳌山在清代被列入瀛洲八景——金鳌镜影（图5-5），并配诗一首。

图5-5 金鳌镜影（清乾隆《崇明县志》）

金鳌镜影

碧海青铜磨未休,烟波万里望中收。

吞云浴日何由见,胜绝金鳌背上游。

三、九峰艺文

1.《九峰诗》(宋·凌岩)

作为群山,九峰最早出现在宋代诗人凌岩的《九峰诗》中,诗人对凤凰山、陆宝山、佘山、细林山、薛山、机山、横云山、干山和昆山等九峰分别赋诗。

九 峰 诗
宋·凌岩

一峰云气接蓬莱,白石磷磷护碧苔。几向凤凰池上望,不知何日凤凰来。(注:咏凤凰山)

二峰藏宝树精神,金碧楼台处处春。溪上落花流水远,老翁疑是避秦人。(注:咏陆宝山)

三峰高远翠光浓,右列仙宫左梵宫。月落轩空人不见,野花山鸟自春风。(注:咏佘山)

四峰孤耸郁苍苍,新构僧庐傍野塘。林下雨晴春昼暖,松花薰得白云香。(注:咏细林山)

五峰遥隔水村西,薛老曾来隐翠微。牧子唱歌樵子笛,贪看明月夜忘归。(注:咏薛山)

六峰乔木锁云根,青接平原数里村。此处无人来听鹤,海灵山鬼哭黄昏。(注:咏机山)

七峰嶙峋拥层峦,偃盖孤松石上蟠。行雨白龙何处去?暮云深锁洞门寒。(注:咏横云山)

八峰葱茜石林幽,给事题诗记胜游。昨夜僧归钟鼓静,一声鹤唳海天秋。(注:咏干山)

九峰西峙比昆仑，晋代将军墓尚存。今日扣萝登绝顶，桑丘麦垄自村村。（注：咏昆山）

除了《九峰诗》外，古代还有众多赞美九峰的诗文，如清代黄素的《九峰歌》、清代丁宜福的《申江棹歌》等。还有与三泖关联的"九峰诗"，如《泛泖遥望九峰》和《过泖看九峰》。

2. 九峰的"十景文化"

由于云间九峰的景色秀美、人文底蕴深厚，古人对每一座山都营造了"十景"。（清·嘉庆《松江府志·山川志》）

小昆山十景：白驹泉、涌月台、神虎穴、红菱渡、杨柳桥、紫藤径、乞花场、玉光亭、七贤堂和揖山楼。

横山十景：白龙洞、联云嶂、丽秋壁、碧岩、三冷涧、只怡堂、来谷潭、忠孝祠、黄公庐和得月塔。

机山十景：坎离泉、双蛟壑、鸡鸣岭、绿云河、真珠浦、吕公祠、吏部园、醉眠石、醉花阁和平原村。

天马山十景：三高碑、看剑亭、餐霞馆、八仙坡、留云壁、二陆草堂、半珠庵、双松台、一柱石和濯月泉。

辰山十景：洞口春云、镜湖晴月、金沙夕照、甘白山泉、五友奇石、素翁仙冢、丹井灵源、崇真晓钟、义士古碑和晚香遗址。

佘山十景：白云晴麓、香溪石径、罨黛旧园、标霞峻阁、昭庆幽居、道人遗踪、宣妙竹林、征君旧隐、慧日双衣和洗心灵泉。

薛山十景：兴云岭、紫芝岩、仙人床、梅花峰、青莲池、学士亭、苦节碑、薛老庵、景华桥和宜晚堂。

厍公山十景：旗杆石、洗鹤滩、藏书岭、鼓琴矶、览德坡、采药泾、白雪庵、放鹿亭、聚星崖和陆宝村。

凤凰山十景：南村居、三星阁、来仪堂、且止园、梅花楼、芙蓉庄、山月轩、锦溪桥、摩霄壁、东海亭。

四、峰山美石

(一) 石的灵性

远古先民出于对自然的敬畏,产生了山水泉石的自然崇拜与传说,典型的如传说夏启之母涂山氏见启父禹治水时变为熊,羞惭而去,至嵩高山下化为石头。《汉书·武帝纪》载:"'朕用事华山,至于中岳。'获驳麃,见夏后启母石。"

中国石文化源远流长,远古有女娲炼五彩石补天,汉有政治家张良祭祀黄石,晋有道生法师为山石讲经使顽石点头,宋有画家米芾拜石,清有曹雪芹著书《石头记》(《红楼梦》原名),这些都是颇具生命活力的石头展现出的特质。

上海曲水园的荷花池畔竖立三尊刻有"福""禄""寿"字的奇石,形态迥然相异、潇洒飘逸,让人过目难忘。人们命其"米拜石",意指能使宋代画家米芾为其下拜的奇石(图5-6)。

图 5-6　曲水园米拜石

在《石头记》中，曹雪芹写道："娲皇氏只用了三万六千五百块，只单单剩了一块未用，便弃在此山青埂峰下。谁知此石自经锻炼之后，灵性已通，因见众石俱得补天，独自己无才不堪入选，遂自怨自叹，日夜悲号惭愧。"石头所具有的人的灵性表露无遗。

（二）石之美——中国四大名石

中国古代四大名石为灵璧石、昆石、英石和太湖石。灵璧石又称磐石，产于安徽省灵璧县。宋代诗人方岩对灵璧石发出由衷赞叹："灵璧一石天下奇，声如青铜色如玉。"昆石也称昆山石，因产于江苏昆山而得名。宋代诗人陆游有诗曰："雁山菖蒲昆山石，陈叟持来慰幽寂，寸根蹙密九节瘦，一拳突兀千金直。"英石因产于广东省英德县而得名。陆游所著《老学庵笔记》载："英州石山，自城中入钟山，涉锦溪，至灵泉，乃出石处，有数家专以取石为生。其佳者质温润苍翠，叩之声如金玉，然匠者颇秘之。常时官司所得，色枯槁，声如击朽木，皆下材也。"太湖石为石灰岩，因产于环太湖区而得名，上海园林名石多为太湖石。白居易所著《太湖石记》载："石有族聚，太湖为甲，罗浮、天竺之族次焉。……有盘拗秀出如灵丘鲜云者，有端俨挺立如真官神人者，……风烈雨晦之夕，洞穴开颦，若敛云歉雷，嶷嶷然有可望而畏之者。烟霁景丽之旦，岩粤霭霴，若拂岚扑黛，霭霭然有可狎而玩之者。"

历史上遗留下来的著名太湖石有苏州留园的"冠云峰"、上海豫园的"玉玲珑"等。现在上海嘉定区汇龙潭公园内的翥云峰也是太湖名石（图5-7）。该石高丈余，俊秀雄奇，太湖石的瘦、皱、透、漏四特点无一不备。图中左上角的"翥云峰"小篆字为明代著名书画篆刻家宋珏所书。"翥云峰"为明代御史赵洪范巡抚云南卸事后携归嘉定，置于"岁有堂"前。因奇石"翥云峰"声名鹊起，后人将"岁有堂"易名为"翥云堂"。今"翥云堂"见图5-8。

图 5-7 矗云峰（上海汇龙潭公园）

图 5-8 矗云堂（上海嘉定区）

第二节　泖水意长

一、三泖之"三"

类似于"九峰"之"九","三泖"的"三"也是含义丰富的字,主要有以下几方面含义。

(1) 万物生源。如《道德经》载:"道生一,一生二,二生三,三生万物。"

(2) 天地人之道。如《说文解字》载:"三,天地人之道也。从三数。""三"上面的一横代表"天",下面的一横代表"地",中间的一横代表"人"。

(3) 天数。如《易传·说卦传》载:"参(三)天两地而倚数,观变于阴阳而立卦。"大地是个平衡体,其道一阴一阳,数为偶为二。在二的上面再加一个天文的垂象,在天成象,在地成形,是为三,所以天数为三。

(4) 礼数。如《礼记》中约定的守孝日期三年、作揖谦让三次、惩戒有三罚。清代汪中《述学》载:"一奇二偶,一二不可以为数,二乘一则为三,故三者,数之成也。……于是先王之制礼,凡一二之所不能尽者,则以三为之节,'三加''三推'之属是也。"

(5) 虚数,泛指多或多次,类似"九"。如孔子说的"三人行必有我师",这里的"三"并不是指三人,而是以三代多。

(6) 实数"三"。表示"三"这一数值。

"三泖"的"三"是虚数,表示多个。上海使用"三"字的典型案例还有"三曲桥"。顾名思义,三曲桥是指桥共分成三曲,曲折迂回,蕴含弯多曲折之意,以达延展景象、扩大景观目的,如豫园的流觞亭和三曲桥、曲水园睡莲池的三曲桥、颐园中心池的三曲桥、漕溪公园的三曲桥、汇龙潭公园玉莲池的三曲桥以及秋霞圃公园的三曲桥等。

二、泖水神韵

1. 三泖韵图

从清代《青浦县志》中描绘的《三泖图》（图5-9）可以看到，从南到北分别是长泖、大泖、圆泖，泖中有湖心岛，岛上有宝塔。碧波荡漾的泖湖中，帆帆点点。三泖的西部是昆山，即今日的小昆山，昆山下有大片的农田。《三泖图》显示出当时三泖地区鱼米之乡特色。

图5-9 《三泖图》（清代《青浦县志》）

2. 黄浦秋涛与凤楼远眺

沪城八景也称沪上八景、沪渎八景，是明清时期上海地区的八大著名景点。清代沪城八景见李行南《申江竹枝词》所载：海天旭日、黄浦秋涛、龙华晚钟、吴淞烟雨、石梁夜月、野渡蒹葭、凤楼远眺和江皋霁雪。

在中秋习俗里，观潮是极具特色的一项。明代陆家嘴，每当秋季涨潮时，海潮倒灌入江，潮水汹涌，是有名的观潮胜地，民间有"陆家嘴上看潮头"之谚,传说可见"银涛壁立如山倒"之景。俗话说"初三潮,十八水",一年里就数八月十八日潮水最大,所以沪城八景之一的"黄浦秋涛"配诗云:"十八潮头最壮观,观潮第一浦江滩。银涛万叠如山涌,两岸花飞卷雪湍。"

除大量民众会集陆家嘴浦江边观潮外,豫园观涛楼(图5-10)也是观赏黄浦秋涛的绝佳地点。

图 5-10　豫园观涛楼

丹凤楼即为天后宫,始建于宋代,后毁。明代重建于上海县东北城墙万军台,成了登高的首选地。古时每逢端午时节,黄浦江上举办赛龙舟活动，丹凤楼是最佳观赏处。"凤楼远眺"描述古时上海人登丹凤楼远眺的情形（图5-11），配有诗云："鼓角声中焕彩游，浦江午日闹龙舟。红儿绿女沿滩看，看客多登丹凤楼。"

图 5-11 （宋）《丹凤远眺》

需要说明的是，在沪城八景中，涉及水景的有六，分别是海天旭日、黄浦秋涛、吴淞烟雨、野渡蒹葭、凤楼远眺和江皋霁雪等。实际上石梁夜月也包括水景——中秋之夜，天空皓月与桥下水面荡漾的皎月倒影交相呼应，使人赏心悦目，可见沪上水韵胜景丰富又多彩。

古时浩瀚吴淞江入海口一带，云雾裹挟蒙蒙细雨飘入江滨，海云天连成一片，朦胧中还见江面上风帆点点，时隐时现，展示出古人笔下"别有归舟烟雨里，迎潮无那泊吴淞"的意境。

3. 水龙文化

上海山水园林中，水龙文化是特色之一，以豫园的龙墙（图5-12）和丁香花园的神龙戏水（图5-13）最为突出。图5-13中，琉璃长龙如出水绿蛟卧于蜿蜒起伏的矮墙上，龙头遥望湖心亭上的金凤，展示"龙凤呈祥"的美意。

上海的龙文化发达，如唐代青龙古镇的青龙港和青龙塔、嘉定区的汇龙潭、青浦区的古蟠龙港以及豫园的九龙池等。豫园的九龙池位于豫

图 5-12　豫园龙墙

图 5-13　神龙戏水（丁香花园）

园内园静观，弯曲长条池内堆砌太湖石，石壁隙中藏有 4 个石雕龙头，加入水中倒映的 4 个和长龙状的池而命名九龙池，寓意龙盛长久（图 5-14）。

图 5-14　豫园九龙池

三、泖水艺文

1. 泖水艺文

在古代,三泖既是太湖流域下游的重要水道,也是游览胜地。唐代诗人陆龟蒙诗云:"三泖凉波鱼蔟动,五茸春草雉媒娇。"其中"凉波"指泖湖水面,"鱼蔟"指拦水捕鱼器具。古代还有众多诗歌描写三泖美景。

华亭百咏·谷水

宋·许尚

短棹经由处,风披藻荇香。
中宵孤鹤唳,片月映沧浪。

三　泖

宋·林景熙

泖口乘寒浪,湖心散积愁。
菰蒲疑海接,凫雁与天浮。

泽国无三伏,风帆又一州。
平生谩为客,奇绝在兹游。

三 泖
元·钱惟善

西望沧茫浴远天,芙蓉九点秀娟娟。
势翻霞泽蛟龙窟,气浸高寒牛斗躔。
支遁每招过野寺,龟蒙曾约种湖田。
倚栏不尽登临兴,更驾长风万里船。

渡 泖
明·陈继儒

秋老江萍漾夕空,萧萧枫叶挂疏红。
那知三泖清秋思,偏寄芦花一寺中。
泖上定波叠乱沙,寺门桥断半蒹葭。
何从一借风帆力,醉挟飞鸥拍浪花。
斜阳约略水西头,余景还能上竹楼。
无际蘼芜半中绿,钓蓑归处起双鸥。

古人还写文对三泖风光大加赞赏,明代文学家屠隆在《福田寺塔院记》中载:"登泖塔,坐藏经阁,凭栏瞩眺,四面烟水迥绝;大士浮图,巍然矗立烟云空翠间,洪涛冲击,日夜撼其下;川鱼沙鸟,芙蕖菱芡,参差历落,钟磬之音泠泠然,与波浪相答。少顷,断虹蜿蜒,上桂木杪,日气霞彩,下射波心,殿阁回映闪烁,陡作黄金相。又顷之,月出东海,波澄如镜,流光荡漾,直是浮金刹舍。心洒焉,乐之。时与诸君各赋诗记游,盖幽峭空旷,离绝尘世,足资高流栖遁,词人登览,洵云间山水之最胜也。"

2. 江浦诗文

唐代诗人白居易、杜甫等对吴淞江等江浦水系美景赞美不绝。

松江亭携乐观渔宴宿
唐·白居易

震泽平芜岸,松江落叶波。
在官常梦想,为客始经过。
水面排罾网,船头簇绮罗。
朝盘鲙红鲤,夜烛舞青娥。
雁断知风急,潮平见月多。
繁丝与促管,不解和渔歌。

戏题王宰画山水图歌
唐·杜甫

十日画一水,五日画一石。
能事不受相促迫,王宰始肯留真迹。
壮哉昆仑方壶图,挂君高堂之素壁。
巴陵洞庭日本东,赤岸水与银河通,中有云气随飞龙。
舟人渔子入浦溆,山木尽亚洪涛风。
尤工远势古莫比,咫尺应须论万里。
焉得并州快剪刀,剪取吴淞半江水。

上海的半淞园即取此诗中的"剪取吴淞半江水"句意命名。

泊 松 江
唐·杜牧

清露白云明月天,与君齐棹木兰船。
南湖风雨一相失,夜泊横塘心渺然。

江东竹枝词
明·陆深

黄浦湾湾东转头,吴淞江下碧如油。
不用并州剪刀快,水晶帘下上西楼。

闵行申江十景

清·李媞

东阁观潮

欲看波涛岩俗尘,登临无暇拜春申。怒涛一派推山倒,可有乘风破浪人。

南浦归帆

一叶飞来趁好风,回头已出白云中。舟人知道家乡近,渐渐收低数页篷。

西寺夕照

一片明霞破晓烟,红墙角抢碧江天。老僧饭罢支筇立,笑指来朝又好天。

北街夜织

处处风摇一点灯,新年已近价难增。丁娘夜半停梭问,纱向西邻借未曾?

易园早梅

宦海归来老水涯,安安树树雪横斜。伤心林下何人在,留得冲寒几点花。

度门晓钟

问谁被度入空门,绝早钟传远近村。毕竟蒲牢神力大,一声惊起万人魂。

竹庄新篁

雷雨声中早出尘,与梅恰好作芳邻。看时何必从头问,也是此君旧主人。

更楼残月

柝声吹落月如钩,人对西风一倚楼。看到高低霜压屋,方知身果在云头。

留桥春耕

新涨桃花一带溪,小桥西去看扶犁。东风不管农忙甚,吹得残红遍绿畦。

横泾雪钓

寄身烟水任高歌,独坐船头雪笠蓑。莫羡江心鱼更好,荻芦深处少风波。

华亭百咏·沪渎

宋·许尚

(在府西八十三里,即松陵,江水源出太湖,松江之民资灌溉之利。)

泛泛松江水,迢迢笠泽通。

万年知禹力,灌溉有余功。

元代诗人杨维祯所做的《淀山湖》,让我们了解了当时一望无际的淀山湖:

淀 山 湖

元·杨维祯

半空楼阁淀山寺,三面篷樯湖口船。

芦叶响时风似雨,浪花平处水如天。

沽来春酒浑无味,买得鲈鱼不论钱。

明日垂虹桥下过,与君停棹吊三贤。

华亭十咏·柘湖

宋·唐询

(在县南七十里,湖中有小石,生柘树,因以为名。《吴越春秋》:海盐县沦没为柘湖。《吴地记》:秦时有女入湖为神,今其祠存)

世历亡秦远,湖连大海濒。

柘山標观望,玉女见威神。

渺渺旁无地,滔滔孰问津。

何年化鱼鳖,仿佛历阳人。

华亭十咏·华亭谷
宋·唐询

(在县南,萦衍三百里入松江。)

深谷弥千里,松陵北合流。

岸平迷书夜,人至竟方舟。

照月方诸泣,迎风弱荇浮。

平波无限远,极目涨清湫。

华亭十咏·寒穴
宋·唐询

(金山北有寒穴,清泉出焉,其味甘香。)

绝顶干云峻,寒泉与穴平。

还同帝台味,不学陇头声。

夜雨遥源涨,秋风颢气清。

谁云蔗浆美,才可析朝酲。

第三节 峰泖意象

一、峰泖画境

1. 南宗山水之根

九峰三泖为上海西陆的发源地,也是古代江南水乡沪渎风貌的代表。这里群山蜿蜒,湖光岚影,景色秀丽,曾吸引了无数的文人墨客到此登峰、泛舟、结庐、隐居,留下不少脍炙人口的诗篇画卷。

"九峰三泖"是上海山水文化重要的关键词之一,这一地处上海松江的名胜自晋唐以来几成中国南宗文化的象征之一。从留下《平复帖》的晋代陆机,到开启文人画风的元代赵孟頫和倪云林;从明代提出"南北宗论"的董其昌,到清末海派绘画的崛起,"九峰三泖"一直是南宗山水文化之根和精神谱系之源。

松江九峰三泖历来是风光秀丽的旅游胜地。峰泖间的自然景观、人文景观丰富而多彩,保有众多著名的泉、溪、洞、壁,留有许多名人遗迹和宗教建筑。历代文人游憩于此,留下很多题咏峰泖的诗篇和画卷。元代文学家陶宗仪曾赞之为"世外桃源",明代画家董其昌对其更有"九点芙蓉堕淼茫"的生动描绘。

2. 松江画派

元末明初,松江一带画风渐盛,莫是龙、顾正谊、孙克弘等是松江画派兴起的第一代画家。后起之秀也不少,如董其昌、陈继儒、赵左、璩之璞、沈士充等。作为一个承前继后的绘画流派,"松江画派"将绘画风格引向了"文人画"秀美的格调,画风具有主观表现性,区别于唐宋时期客观性的画风特征。

云间九峰和松郡三泖历来就是松江地区名胜,峰泖奇观景色秀美、人文底蕴浓厚,引得古今文人墨客纷纷为之挥毫泼墨,留下众多文物古迹。明代画家璩之璞的《峰泖奇观图卷》(图5-15),将青山绿水写入图画,展现了九峰三泖的奇观美景。

从图中可以看到宽阔无比的三泖和连绵不断的九峰。图中从上到下(从南到北)分别是长泖、大泖、圆泖区域。泖中有湖心岛,就是今天泖河中的太阳岛(泖塔圩),岛上有宝塔,就是今天太阳岛上的泖塔。碧波荡漾的三泖湖中,帆帆点点。

3. 峰泖遗迹

九峰三泖的美誉不仅留存在诗文绘画内,也遗留在文物古迹中。上海青浦区练塘镇的顺德古桥(图5-16)是典型的元代梁柱式石桥,有三跨,中跨为航道。古桥上有楹联:"九峰列翠重镇,桃源早发;鹤荡

图 5-15 《峰泖奇观图卷》(明·璩之璞)

沪山淀水

图 5-16 练塘镇顺德桥

渔歌晚唱，三泖行帆。"

二、峰泖艺文

元末明初，九峰三泖安宁优雅的环境吸引各地文人墨客纷至沓来，吟诗作画，切文磋艺，留下大批脍炙人口的名篇佳作。陶宗仪、杨维祯、董其昌、赵左、沈士充等一批名士相集云间，文学家、画家陈继儒（号眉公）便是其中一位。当时陈继儒"取儒衣冠焚弃之，隐居昆山之阳"，专研学问、著书、作画。他在东佘山生活了几十年，今东佘山东南坡秀水环绕处还有一石矶突兀溪边，被称为"眉公钓鱼矶"，相传当年陈继儒常在此处垂钓读书。董其昌、张其悌也有作九峰三泖诗。

过泖看九峰

明·董其昌

九点芙蓉堕淼茫，平川如掌揽秋光。
人从隐后称湖长，水在封中表谷王。
日落鱼龙回夜壑，霜清钟磬隔寒塘。
浮生已阅风波险，欲问蒹葭此一方。

从首句云"九点芙蓉堕淼茫，平川如掌揽秋光"到尾句叹"浮生已阅风波险，欲问蒹葭此一方"，从中能品出董其昌的乡愁和心怀归隐的感伤。

泛泖遥望九峰
明·张其惺

南来泽国水连天，夹岸风微泻碧涟。
九点烟峦晴历历，数重烟树昼芊芊。
渔歌缥缈云中度，塔影孤清镜里悬。
为忆莼鲈归计早，临流差不愧前贤。

明代地理学家徐霞客也到过九峰三泖探幽，而且还拜访了陈继儒。他在游记中这样描写当时的情形："二十五日清晨，眉公已为余作二僧书，且修以仪。复留早膳，为书王忠纫乃堂寿诗二纸，又以红香米写经大士馈余。上午始行。盖前犹东迁之道，而至是为西行之始也。三里，过仁山。又西北三里，过天马山。又西三里，过横山。又西二里，过小昆山。又西三里入泖湖，绝流而西，掠泖寺而过。寺在中流，重台杰阁，方浮屠五层，辉映层波，亦泽国之一胜也。"

三、沪渎山水特色

山水在中国古代作为自然的代称，具有自然的总体特征，代表着天地万物的根本品性。上海山水文化包括了物质形态和精神形态两个方面：物质形态是以实实在在的山水景观为物质载体，如"九峰""三泖"等；精神形态则包含了以山水为表现对象的文化艺术，诸如松江山水画风、山水诗文等。

其一，上海山水文化是一种审美文化。作为具有美学价值的山水自然景观，有秀、奇、幽等审美形态。唐代文学家刘禹锡所著《陋室铭》载："山不在高，有仙则名。水不在深，有龙则灵。"说明了山可以不用高，水可以不在深，只要有了仙、有了龙就可以出名，道出再平凡的山水也会因仙、龙而生灵秀。上海山水用此来注解十分贴切。

其二，上海山水文化是人文景观和自然景观的有机组合，人文景观在上海山水文化中占有极其重要的分量。例如，"九峰三泖""陆家嘴"等山水景观中就蕴含丰富的人文及地理内涵。

其三，亲近山水，融于山水，既是天人合一思想应有之意，也是上海山水实有之情。

其四，沪渎山水是南宗山水文化的滥觞。

明代晚期，上海松江地区棉纺织业发达，商业兴隆，都市繁华，经济文化进入鼎盛时期。繁荣的经济环境、浓郁的文化氛围、优美的九峰三泖孕育了大批墨客画家，他们欣赏文人书卷的气质，崇尚简约淡雅的理念，追求笔墨趣韵的情调，抒发天意使然的情怀，形成以山水绘画为主的松江画派。明代唐志契所撰《绘事微言》载："凡文人学画山水，易入松江派头，到底不能入画家三昧。……苏州画论理，松江画论笔。"首次提出了"松江派"，并指出其绘画风格。

松江画派也称松江派、华亭派、云间派、苏松派等，鼎盛时期涌现出大批名画家，如董其昌、陈继儒、璩之璞、赵左、沈士充等，其中董其昌与赵左最有建树、影响最大。董其昌提出"画分南北宗"的观点，"南宗"是文人画，崇尚书卷气，意趣天成，是佛禅南宗"顿悟"的体现；而"北宗"是"行家"画，只重苦练，逐渐积累，是禅之北宗"渐修"的表现。[10]董其昌的绘画思想和技法，影响了明代之后几百年的中国画坛。

董其昌描绘了不少云间九峰图，包括《九峰春霁图》《九峰寒翠》等。图5-17为其《九峰招隐》，图中山石树木、小桥流水一应俱全，又若隐若现，一派世外桃源的清净之地。图中展现的意境，是画家参禅悟道的精神家园，令人神往，招人入隐。

赵左的弟子中最出色的是沈士充，其所作的《九峰三泖图》（图5-18）以九峰为背景，以披麻皴法画山石及树木造型，山石及树木加螺青染色，淡墨勾皴再用浓墨逐层醒破。画受绫本织纹影响，笔墨韵味

图 5-17 《九峰招隐》（明·董其昌）

独特，将山石点染得苍莽秀逸。

清代书画家董诰所作的《三泖渔庄图》（图 5-19）据说是参照董其昌笔意绘制，图中可见俊奇山峰、苍松杂树、屋舍小桥与平波沙滩，寂静的湖面飘着两叶扁舟，舟上渔夫悠然惬意。湖面烟水浩淼，远山灰粉如黛，水天一色，延绵不断。画家以书入画，追求情趣，用笔随意天成又潇洒灵动，画面秀润丰满而富有韵律。展现作者简淡高远，取三泖神韵，造心中意境的情怀。

其五，上海是海派山水文化的发祥地。

上海"九峰三泖"为钟灵毓秀之地，诞生了众多才华横溢、亘世难遇的艺术大师，成了海派山水文化的滥觞地。

图 5-18 《九峰三泖图》（明·沈士充）

图 5-19 《三泖渔庄图》（清·董诰）

上海海派文化肇始于中国传统绘画，漫开至电影、戏剧、小说、美育等领域，并扩散至社会生活的方方面面。上海海派山水文化根植于江南山水文化，萌芽于上海开埠时期，综合了江南山水与西式园林文化的成果。海派山水画以传统中国画为底蕴，汲取西洋画的养分，形成独具特色的画风。

图5-20为清代画家吴昌硕所作海派山水画《中有云气随飞龙》，为海派山水画的名作。吴昌硕先生以篆印入画，格高韵古，元气淋漓。全图奇石嶙峋，苍松林立，画中寥笔勾云，留白遐想。图中高士驻足欣赏山景，可谓"不识庐山真面目，只缘身在此山中"。作品以国画水墨为基础，采用石绿厚红添色，中西合璧，生机跃然。

图5-20　《中有云气随飞龙》（清·吴昌硕）

（2021年4月摄于中华艺术宫《吴昌硕与上海》展）

第六章

三泖九峰：沪渎造极池山

第一节 峰泖前世

一、池山滥觞

"一池三山"源自古代东海仙境的神话思想,是中国古典园林的典型特征。"一池"指象征东海的"太液池",《三辅黄图》载:"太液池,在长安故城西,建章宫北,未央宫西南。太液者,言其津润所及广也。""三山"指古典神话里的蓬莱、方丈、瀛洲三座仙山,《海内十洲记》载:"瀛洲在东海中,地方四千里,大抵是对会稽,去西岸七十万里。……方丈洲在东海中心,西南东北岸正等,方丈方面各五千里。……蓬丘,蓬莱山是也。对东海之东北岸,周回五千里。"《史记·孝武本纪》载:"其北治大池,渐台高二十余丈,名曰泰液池,中有蓬莱、方丈、瀛洲、壶梁,象海中神山龟鱼之属。"

"一池三山"的雏形是秦始皇所建的兰池宫,东汉《三秦记》载:"兰池:秦始皇作兰池,引渭水。东西二百里,南北二十里。筑土为蓬莱山;刻石为鲸鱼,长二百丈。"

"一池三山"成型于汉代的建章宫,《三辅黄图》载:"建章宫北治大池,名曰太液池,中起三山,以象瀛洲、蓬莱、方丈,刻金石为鱼龙、奇禽、异兽之属。"据古籍描述,汉代建章宫中的"一池三山"推测如图6-1。[11]

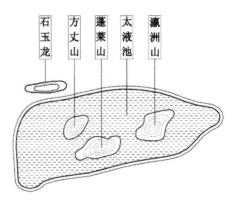

图6-1 汉代建章宫"一池三山"推测图

从汉代建章宫起,"一池三山"逐渐成为中国古代皇宫园林和私家园林的主要布局,也成为中国园林独特的构图形式。

二、池山演化

中国古典园林的雏形应该是西周时期的"囿",《诗经》记载:

大雅·灵台
先秦·佚名

经始灵台,经之营之。
庶民攻之,不日成之。
经始勿亟,庶民子来。
王在灵囿,麀鹿攸伏。
麀鹿濯濯,白鸟翯翯。
王在灵沼,於牣鱼跃。
虡业维枞,贲鼓维镛。
于论鼓钟,于乐辟雍。
于论鼓钟,于乐辟雍。
鼍鼓逢逢。矇瞍奏公。

诗中说到周文王在丰京建灵台、设灵囿、养鹿禽、设乐队。其中的"灵囿"就是华夏园林的早期形式。从诗中可知,当时的灵囿溪水缓流、草木茂盛、群鹿出没、鸟禽翱翔、游鱼跳跃、鼓乐重奏、歌舞升平,一派迷人的景象。

《说文解字》载"囿"之义:"苑有垣也。从口,有声。一曰禽兽曰囿。"《周礼》记载管理"囿"的官职:"囿人,中士四人、下士八人、府二人、胥八人、徒八十人。……囿人掌囿游之兽禁,牧百兽。祭祀、丧纪、宾客,共其生兽死兽之物。"(《周礼·地官司徒》)按照现在的理解,"囿"就是设置有围栏、有专人管理的饲养禽兽、供贵族狩猎的场所。"囿"中也设有"灵台",供开展祭祀活动。

到了春秋战国时期,"灵囿"的功能逐渐扩大。古人在灵囿中开始种植花草,营造配套的建筑物,增加了游乐设施,具备了古典园林的基本构成要素,此时的"灵囿"逐渐向"游囿"转型。

到了秦代,"游囿"开始转型成"苑囿",逐渐变成皇家园林。此时的苑囿除了各种建筑外,开始加入山水元素,以山水园苑的形式出现,甚至向外拓展,与自然山水结合。

"苑囿"的典型案例是秦始皇的"兰池"。秦代民间神仙思想盛行,广泛流传东海仙境传说。兰池将仙境引入宫苑,出现了东海仙境"一池三山"的雏形。

汉代后,"苑囿"逐渐演化为"宫苑",成为皇家园林。以山水为主题的园林也逐渐成为皇家宫苑和私家园林的主要选择,成为中国园林独特的构图形式。"宫苑"的典型是建章宫。汉代的神仙思想更加丰富,东海仙境在宫苑中的表现逐步定型,形成成熟的东海仙境——"一池三山"的经典格局。

三、园林山水

中国传统文化中没有自然的山水,一切山水都是人格的外化。山水人格化有两种方式:一种是与山水融为一体;另一种是对山水景物作人文阐释。古人追求人与自然和谐共处,自然山水可以作为寄托情怀、抒发情感之地。在山水"如意"时,人隐入山水,获得人与自然的和谐状态;在山水"失意"时或为了某种需要,对山水进行人化以达到"适意"。还有的将自然与人工融为一体,彼此借鉴,互相映发,这也是中国传统园林的典型手法。[3]

山水园林是山、水、建筑、花木等组合布局的园林,它是以筑山、理水为主,辅以叠石、植树、种花、建屋等,营造出具有中国特色的园林艺术景观。中国山水园林崇尚自然,以表现大自然的天然山水景色为主旨,虽为人造,宛若天成。华夏园林山水的表现方法如下。

1. 引入天然山水

将园林外部的天然山水与园内景观结合,造就宏大气派的山水园林。图6-2为上海韩湘水博园图景。园区借助紧邻黄浦江的优势,通过借用外部景象——引入浦江水景,结合水博园内的河塘水系,营造动静相衬、内联外引、江河互动的景象。

图 6-2　韩湘水博园

2. 筑造假山池水

园林山水可以通过叠石理水,构筑人造山水。如上海曲水园中堆叠的假山水池,其中的飞来峰及其山顶的九峰一览阁见图 6-3。

图 6-3　飞来峰顶九峰一览阁(曲水园)

3. 营造孤石独水

可以用孤石独水表达山水，豫园的玉玲珑与苏州的"冠云峰"、杭州的"绉云峰"并称江南三大名石。图6-4中，借助宋代遗留的玉玲珑花石纲的瘦、透、皱、漏特色，搭配池水，展现了玉式孤峰、傲立池水的独特山水景象。

图6-4 上海豫园玉玲珑景点

4. 人造微山细水

园林山水还可以通过微缩了山水的盆景来表情达意，如古猗园中玩石斋前的山石盆景（图6-5）、醉白池公园里的山木盆景（图6-6）等。

四、"九峰三泖"和"三泖九峰"

"九峰三泖"是上海山水文化重要的关键词，也是上海风貌的代表。得益于文人墨客的追崇，从宋代起，"九峰三泖"的名气开始扩散升腾。

上海的山水文化兴旺于"九峰三泖"。上海西部的九峰山群有十多座山，为了突出群山众多，古人选取最高数"九"来表示。此外，这些群山既说不上挺拔，也谈不上高耸，却被冠之以"峰"，可见古代

图 6-5 古猗园中玩石斋前的山石盆景

图 6-6 山木盆景

(2018 年 3 月拍于醉白池公园)

文人墨客的用心。同样，上海西部的河湖众多，古人只用表示量多的"三"，选取其中的三处泖湖水体。此外，本来三泖是连贯通达的一大片湖荡区域，却被刻意按照"三"来划分，这同样表现出古代文人墨客的用心。

上海的山水文化之所以以"九峰""三泖"发端，兴旺于"九峰三泖"，根基就在于传统的池山文化。"九峰三泖"是池山文化的映射，实质上是"三泖九峰"。

归纳起来，"九峰三泖"和"三泖九峰"的相关性如下：

其一，产生的时代不同。"三泖九峰"应该产生于秦代，受到秦始皇东巡觅仙的影响而生，或者说是始皇觅仙时受其启发而催生池山文化。

其二，包含的意蕴相异。"三泖九峰"描述的是古上海的池山文化，而"九峰三泖"表达的是古上海的山水特色。

其三，具有内涵延续性。"九峰三泖"源于"三泖九峰"，是在池山文化基础上对古代上海山水文化的拓展。

其四，采用相同的山水比数。根据池山比数的要求，在一至九的数字中，既能表示数量多又能匹配"一池三山"的就是"三泖"加"九峰"了，所以不会出现"三峰""五峰"或"八峰"，也没选"一池""二池"等。

其五，后续影响性。到了宋代，之所以没有采用"三泖九峰"的说法而是用"九峰三泖"，可能是因为传统山水文化中常常先提山后说水，也可能是因为文人墨客只注重情感抒发，未关注到峰泖的内在关系。

由此可见，"九峰三泖"和"三泖九峰"都是描述古代上海山水文化的关键词，虽两者产生的时代不同、意蕴相异、内涵有别，但都是古代上海山水文化的核心，在中国传统山水文化尤其是园林池山文化中占有重要地位。

第二节　东海仙境

一、仙境传说

神仙传说在中国远古即有，西周末期神仙思想开始产生并在战国时期盛行起来，那时的神仙有昆仑山和东海两大系列。

先秦古籍《山海经·西山经》载："西南四百里，曰昆仑之丘，是实惟帝之下都，神陆吾司之。其神状虎身而九尾，人面而虎爪，是神也。……又西二百九十里，曰泑山，神蓐收居之。其上多婴短之玉，其阳多瑾瑜之玉，其阴多青雄黄。是山也，西望日之所入，其气员，神红光之所司也。"

《列子·汤问》载："其中有五山焉：一曰岱舆，二曰员峤，三曰方壶，四曰瀛洲，五曰蓬莱。其山高下周旋三万里，其顶平处九千里。山之中间相去七万里，以为邻居焉。其上台观皆金玉，其上禽兽皆纯缟。珠玕之树皆丛生，华实皆有滋味，食之皆不老不死。所居之人皆仙圣之种，一日一夕飞相往来者，不可数焉。而五山之根无所连著，常随潮波上下往还，不得暂峙焉。仙圣毒之，诉之于帝。帝恐流于西极，失群仙圣之居，乃命禺强使巨鳌十五举首而戴之。迭为三番，六万岁一交焉。五山始峙而不动。而龙伯之国有大人，举足不盈数步而暨五山之所，一钓而连六鳌，合负而趣，归其国，灼其骨以数焉。于是岱舆、员峤二山流于北极，沉于大海，仙圣之播迁者巨亿计。"

《海内十洲记》载："汉武帝既闻王母说八方巨海之中，有祖洲、瀛洲、玄洲、炎洲、长洲、元洲、流洲、生洲、凤麟洲、聚窟洲，有此十洲，乃人迹所稀绝处。"

《史记·秦始皇本纪》载："既已，齐人徐市等上书，言海中有三神山，名曰蓬莱、方丈、瀛洲，仙人居之。请得斋戒，与童男女求之。于是遣徐市发童男女数千人，入海求仙人。"

二、瀛洲仙境

1. 崇明岛

崇明岛位于上海市北部，东临东海。全岛东西长 80 公里，南北宽 13~18 公里，面积大约 1 269.1 平方公里，仅次于台湾、海南两岛，为中国第三大岛和第一大沙岛，主要由长江输送的泥沙淤积而成。崇明岛最早在唐代露出水面，为西、东两沙洲，明末清初连成一岛。"崇明"来源于五代时设的崇明镇，元代改为崇明州，明太祖朱元璋给崇明赐名"东海瀛洲"，故崇明也称"瀛洲"或"古瀛洲"。

2. 瀛洲御名

在唐代之前，崇明岛还未露出水面，只是水下暗沙。由于东海海潮引发长江口水面涨落，崇明暗沙时隐时现，远观虚无缥缈，有如仙境，引发古人浮想，故得名。

瀛洲，是虚构的仙境之地，可以代指古代中国神话传说中的东海仙山，最早见《列子》。

"瀛洲"或"古瀛洲"，也是上海崇明岛的古称。因崇明岛地处东海，又称"东海瀛洲""海上瀛洲"。元末明初，因崇明知州何允孚率众归附明朝，明太祖朱元璋御书"东海瀛洲"赠送。由此崇明岛便有了"瀛洲"的美称。而早在南宋末年，崇明岛的宝庆观中就悬挂有一块文天祥手书的"海上瀛洲"额匾。

之所以崇明岛被传说为仙境，一是由于崇明岛为离岸岛屿，从海岸远望若隐若现。二是崇明岛区域古时常有海市蜃楼出现，给当地百姓造成仙境的假象。图 6-7 为从上海宝山区滨江森林公园远眺崇明岛的景象。

图 6-7 崇明岛远眺

三、蓬莱仙境

1. 蓬莱仙山

"蓬莱"一是指仙山名,二是指山东省烟台市的蓬莱区所在地。蓬莱地处山东半岛最北端,濒临渤海、黄海。蓬莱依山傍海,景色秀丽,又具虚无缥缈的"海市蜃楼"奇观,被认为是传说中的"蓬莱、瀛洲、方丈"三座仙山之一,"八仙过海"的传说也源于此。

"蓬莱"之名早见于《山海经·海内北经》:"明组邑居海中,蓬莱山在海中,大人之市在海中。"唐代李吉甫撰《元和郡县志·卷十一》载:"蓬莱县……属东莱郡。昔汉武帝于此望蓬莱山,因筑城,以蓬莱为名,在黄县东北五十里。"

蓬莱阁风景区包括丹崖山和田横山,其中蓬莱阁位于景区西北的丹崖山上,是由蓬莱阁、天后宫、龙五宫、吕祖殿、三清殿、弥陀寺六大单体及其附属建筑组成的古建筑群。位于蓬莱阁下的仙人桥传说为"八仙"过海的出发地。蓬莱是我国出现海市蜃楼最多的一个地方,被人们说成是名副其实的仙境。图6-8为现今的蓬莱阁风景区,图中右侧远方岛屿为长岛风景区。

图 6-8 蓬莱阁风景区

2. 八仙过海

相传吕洞宾、铁拐李、张果老、汉钟离、曹国舅、何仙姑、蓝采和、韩湘子八位神仙在蓬莱阁醉酒后,凭借各自的宝器漂洋渡海而去,留下"八仙过海、各显其能"的传说。八仙过海意象如图 6-9 所示。

图 6-9 八仙过海意象图

四、方丈仙境

方丈又称为方丈山、方壶、方丈洲等,是海外三神山之一,也是神仙居住的仙境。

但根据《水经注》的说法,方丈则是昆仑山。《水经注·卷一》载:"至如东海方丈,亦有昆仑之称,西洲铜柱,又有九府之治。"

又有《海内十洲记》载:"方丈洲在东海中心,西南东北岸正等,方丈方面各五千里。上专是群龙所聚,有金玉琉璃之宫,三天司命所治之处。群仙不欲升天者,皆往来此洲,受太玄生箓,仙家数十万。耕田种芝草,课计顷亩,如种稻状,亦有玉石泉,上有九源丈人宫主,领天下水神,及龙蛇巨鲸阴精水兽之辈。"

根据古籍记载和目前已有的文献资料,瀛洲和蓬莱仙境应该是上海的崇明岛和山东烟台的蓬莱区,而方丈山至今无从考证。

第三节 始皇觅仙

一、秦望山

秦始皇不但造景"一池三山",寄托求仙之愿,而且派人到东海中四处找寻仙境,又亲自寻仙觅药,以求永生。当今上海金山区的秦望山就是传说中秦始皇登临望海、观看仙境的遗址。

秦望山也称秦山、秦皇山、秦驻山。传说统一六国后的秦始皇巡游全国,来到此地登秦望山,遥望传说中的东海仙境。清乾隆《金山县志》载:"秦山……一名秦望,亦名秦驻。相传始皇曾登此望海……山有坑,俗传始皇辇道也。"现今的秦望山见图6-10。

秦望山东部不远处有一山称"查山",也称"遮山""赭山"。传说为

图 6-10　秦望山

了秦始皇观海方便,当地官员命百姓把查山树木砍伐清除,结果露出赭色山石。当今的查山见图 6-11。

图 6-11　查山

二、秦皇驰道

在秦望山及其周边至今还留有秦皇驰道遗址。《申江棹歌》(清·丁宜福)注载:"秦皇驰道,秦时观海而筑,南起柘林,北达嘉定,中绝黄浦处设敏航渡以济之,来往繁剧,率至留滞。"北宋诗人唐询也作诗咏秦皇驰道:

华亭十咏·秦始皇驰道
宋·唐询

秦德衰千祀,江演道不修。
相传大堤在,曾是翠华游。
玉趾如将见,金椎岂复留。
怅然寻旧迹,蔓草蔽荒丘。

三、秦塘

除秦望山及秦皇驰道外,上海一带至今还留存秦塘、秦塘桥、望海亭等多处秦始皇当年巡游觅仙的遗址。

秦塘原名萧塘、萧溪,传说春秋战国时有萧姓学者避乱隐居于此,教授学生,致人才辈出。后人为纪念他而取地名为萧塘。秦始皇南巡时,改称秦塘。清嘉庆《松江府志》载:"萧塘,在十三保,相传秦始皇东游望海由此塘而南,故名。"

四、从孔望山到秦望山

孔望山在连云港市海州区海州古城东 4 公里处,传说因孔子于此登山望海而得名,《读史方舆纪要》也提到"孔子问官于郯子,尝登此望海"。现今的孔望山见图 6-12。

孔望山与秦望山类似,都是临海山丘,海拔不高,方便登临望海。除了登临两山所望海域不同外,更重要的区别是孔子与始皇两位登山者

图 6-12　孔望山（江苏连云港）

的情怀不同。"知者乐水，仁者乐山"，孔子借山水引导人们理解"仁""智"的含义。传说当时孔子看到山下海滩上不少招潮蟹在不停地挥动大螯，惊讶连螃蟹都知道抬手作揖了。始皇登山望海则是另一种情怀，是探寻仙迹、追求永生。所以说，孔望山和秦望山是相似的山海、相异的情怀。

第四节　造极池山

一、池山经典

在中国古典园林中，颐和园、避暑山庄、拙政园和留园堪称四大名园，是第一批全国重点文物保护单位中仅有的四座古典园林，被公认为"中国最优秀的园林建筑"。这四大园林无一例外都以"一池三山"为核心主题。

1. 颐和园——皇家园林的"一池三山"

颐和园是皇家园林的典型代表,其中的昆明湖分为三个小湖,每个湖中各有一岛,形成"一池三山"样式,如图6-13所示。[11]

2. 拙政园——私家园林的"一池三山"

拙政园是中国私家园林的典型代表。其中中区大池有假山岛,岛上有荷风四面亭、雪香云蔚亭和待霜亭,

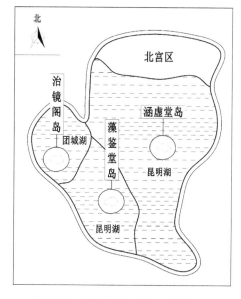

图 6-13 颐和园"一池三山"图示

寓意东海三仙山。假山岛所在的池塘则寓意太液池即东海,如图6-14所示。[11]

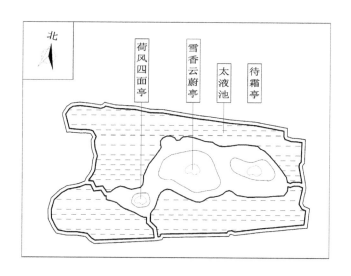

图 6-14 拙政园"一池三山"图示

二、华夏造极池山

对于颐和园、避暑山庄、拙政园和留园这四大华夏古典园林应该不少人知晓,四大园林的"一池三山"核心主题也有许多人知道,但鲜有人知道,上海不但有古代经典的"一池三山",还有更久远、更豪华,堪称华夏园林之根的"三泖九峰"(图6-15),它至少在宋代时就被构思出来了。

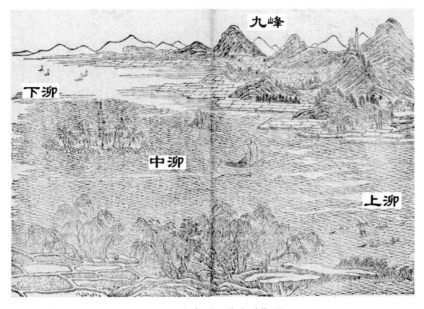

图 6-15　上海"三泖九峰"图示

(源自明代《九峰三泖》版画)

三泖九峰名气大到明代的《松江府境图》中标全了三泖和九峰(图6-16)。图中心是松江府城,府东北部和南部分别是上海县城和金山县城。松江府外围四周分布了各个镇区和水系,府西部是三泖的大片水域,府西北部则是由南到北分布的九座山,府东部为黄浦江。整幅图展示了松江府境的丰富的山水环境。

上海"三泖九峰"的意象见图6-17。

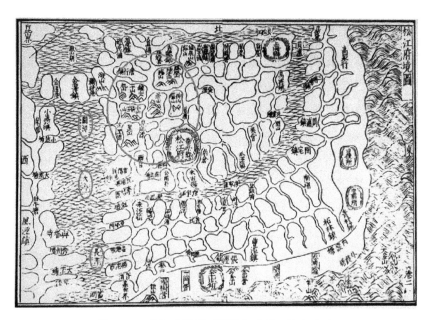

图 6-16 松江府境图（明代）中的三泖和九峰

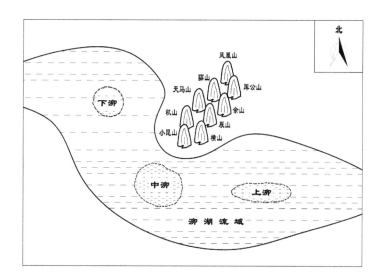

图 6-17 上海"三泖九峰"的意象

三、华夏园林之根

为什么古人不把上海的池山模式选为"一泖三山"或者"三泖五峰"等，而是定为"三泖九峰"，原因推测如下。

其一是华夏大地历久的官民共识。从帝王到百姓都追崇池山文化，向往山水仙境。

其二是上海的优势区位。濒临"一池三山"传说的东海仙境，拥有得天独厚的地理位置。

其三是上海特色的环境。包含崇明及淀山湖流域的滨水地带，是山水胜境的体现，契合了东海仙境的意境。

其四是上海丰富的山水。古松江地区的众多滨湖水系和连绵山峦，造就了天作人化的类池山景观。

其五是上海拥有深厚的环境与人文底蕴。古松江地区远古时就是有优美的湖光山色的地区，从唐代起就吸引引众多的文人墨客纷至沓来，吟诗作画。

其六是池山规制的要求，尽管"三泖"所在地有众多湖荡，"九峰"所在地也有十多座山，但古人参照一池三山的配比，取用表示量多的"三"和顶格的"九"，形成超级池山版的"三泖九峰"。

上海借助东海仙境的神话传说，加之"东海瀛洲"的崇明岛，辅以"三泖九峰"池山文化和始皇觅仙遗迹，构成一幅完整的池山文化意境。明代上海池山文化图景见图 6-18。

沿着中国园林演化之路，寻觅园林文化发展之道，可得出如下结论：①华夏园林起源于囿台，转型为宫苑，之后演变成官私园林。②华夏园林文化主题是山水文化，意境为"一池三山"。③"一池三山"意境始于秦代长安兰池宫，兴于汉代皇家宫苑，最后成为华夏传统官私园林经典模式。④毗邻东海仙境的上海，留存有始皇觅仙的遗迹，保有御赐"东海瀛洲"的崇明岛，加持作为顶级池山的"三泖九峰"，成为华夏园林文化主根乃实至名归。

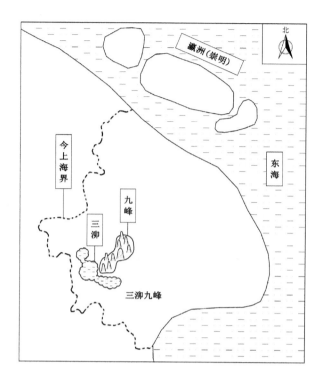

图 6-18　明代池山文化图景

第七章

江浦汇沕：沪渎意韵风水

第一节　祈平求安

一、龙王庙

中国民间龙王信仰历史悠久，尤其在沿海地区更甚，上海浦东新区曹路镇的龙王庙（图7-1）始建于明代，庙内供奉龙王，感激龙王神恩护佑。庙内还建有"钦公祠"，供奉清代发动百姓修筑海塘、造福民众的钦琏知县。

图7-1　上海龙王庙

二、下海庙

古时，上海滨海一带多是渔村，渔船修造作坊很多。新造、新修的渔船下水前有祭海仪式。在船舱中，渔民们点燃香烛，焚烧纸折金元宝，献祭品，燃放鞭炮，祈求平安丰收。

上海下海浦在古时是一小渔村，当地船民、渔民在此建庙，供奉海神义王，称"义王庙"，以祈佑平安和鱼虾满仓。由于地处下海浦，所以也称下海庙。又因庙宇近海，因此天妃娘娘及其他地方神也一起奉祀在庙中。

重修后的虹口区下海庙见图 7-2。

图 7-2　上海下海庙

三、镇海塔

上海崇明区鳌山公园内有明清时修筑的金鳌山，山顶有一座"镇海塔"。民国时的金鳌山公园景象见图 7-3。

图 7-3　金鳌山与镇海塔

（2019 年 10 月摄于金鳌山公园）

镇海塔意喻"镇止海坍"。塔的东、南、西面分别书有安、静、定三字（图 7-4）。

图 7-4　金鳌山的"镇海塔"

四、世尊倒坐

大多数寺院佛像都是坐北朝南,但也有一些特例是坐南朝北的,如河北隆兴寺的倒坐观音、南京鸡鸣寺的倒坐观音等。佛像倒坐的原委应该如南京鸡鸣寺内楹联所言:"问菩萨为何倒坐,叹众生不肯回头。"

九峰禅寺是上海唯一建在山上的倒坐佛寺,坐落于小昆山北峰,始建于宋代,原名"泗洲塔院",因小昆山为"松郡九峰"之九,故更名为"九峰禅寺"。寺院先后建真武殿、藏经阁、大雄殿等多重殿宇,规模宏大,明清时是江南名刹。关于九峰禅寺的佛像倒坐,清代叶梦珠所著《阅世编》载:"九峰禅寺,地当山后,旧故面南,溯本承其先师之志向欲改创面北,而力未能办。顺治七年庚寅冬,忽有一工来山,自言能任其事,询其所费,惟须数十人力,足令自转,众咸异之。刻期聚观,观者即为助力,工取木干及巨缍数根,遍缚壁上,众属干上,齐声起肩,殿随而转,一壁不移,寸瓦不动,并殿中塑像供座皆用此法,转而北向,宛若天然,其人不索酬而去,一时惊传以为神。"

九峰禅寺的佛像为什么要倒坐?除了"叹众生不肯回头"之外,还有依山就势的缘故。九峰禅寺位于小昆山北部,初建时坐北朝南,北坡缓而南坡陡,香客从南坡上山困难。佛像倒坐后,既蕴含佛意,也便利香客。图7-5为今小昆山九峰禅寺。

图7-5 小昆山九峰禅寺

五、鸡鸣与蜈蚣

有关鸡和蜈蚣的关系,民间有许多寓言故事,如广东潮汕地区的蜈蚣借鸡冠角的传说。传说公鸡原来长有一对漂亮的冠角,蜈蚣为了龙兄弟出风头而向公鸡借,后龙兄弟腾飞不回,蜈蚣还不了鸡冠角,就一直遭公鸡追啄,延续至今成了鸡的天性。现实中确也存在鸡吃蜈蚣现象,但鸡之所以能降伏蜈蚣,主要是鸡有着锋利的爪子和坚硬的喙,能够轻而易举地把蜈蚣啄死吞进肚子里,更关键的是,鸡胃里面的消化酶能轻松让蜈蚣的毒液失去活性。

按照五行生克关系,古人将生物分为五类,分别是属木的毛虫(如麒麟、虎等)、属火的羽虫（如凤凰、鸡等)、属土的裸虫（如人类)、属金的甲虫（如乌龟、蜈蚣等)、属水的鳞虫（如龙、鳄等)。按照五行生克关系，"火克金"，故鸡克蜈蚣。

九峰的机山山岭取名"鸡鸣岭"，就包含五行生克意喻。传说古时机山上蜈蚣很多，百姓上山时常常被咬伤，为此当地百姓给机山顶峰起名"鸡鸣岭"，以鸡克蜈蚣，来保上山百姓平安。

第二节　相土尝水

一、沪渎第一井

6 000年前，上海西部地区成陆，逐渐适合人类居住，当今上海青浦区赵巷镇的崧泽村就是远古先民的生活聚落，是上海最古老的一处新石器时代原始社会遗址。远古的崧泽先民在此地创造的"崧泽文化"，是有代表性的中国史前文化之一。崧泽村名称中的"崧泽"为"沼泽中的高台地"之意，《尔雅》载："山大而高，崧。"《释名》载："下而有水曰泽，言润泽也。"

在崧泽聚落遗址，考古发现了上海地区最早的一口生活水井，这是远古先民为了获得稳定清洁的水源和蓄水灌溉等而开凿的。经考古探测，该水井为中国年代最古老的直筒圆形水井，表明上海是中国最先发明找水和储水先进技术的地区（资料来源于上海崧泽遗址博物馆展览介绍)。

对于远古先民而言，相土尝水，找到符合生活需要的水源之地是聚落定居的必要条件。开凿水井，既能提高生活饮水的质量，也能蓄水进行农业灌溉，还能提供手工作坊作业用水，对于先民定居在聚落中具有决定性的意义。

二、城厢淡水井

上海有句俗话："先有淡水庙，后有老城厢。"淡水庙是南宋时期建于华亭县淡水村的道观,因观内有口淡水井而得名。据鉴定其为上海最古老的淡水井,因而是上海老城厢的根。淡水井遗址至今还保留在上海瑞金宾馆内(图7-6)。

图7-6　上海瑞金宾馆内的淡水井遗址

三、淡水聚落

从上海老城厢之根的淡水井,可以知道古时上海城区的演化发展过程。古人相土尝水,找到水质甘甜的淡水井,于是逐水而居,在淡水井附近形成居住聚落。随着聚落的扩大,发展成淡水村,建起淡水庙。淡水村进一步发展,到了宋代设立上海镇,淡水庙成了华亭县城隍庙。元代,上海镇从华亭县划出,升格为上海县,华亭县升为松江府,华亭县城隍庙也升格为松江府城隍庙。清代嘉庆年间的淡水庙与上海县城的位置关系见图7-7。

当时的淡水庙样式如清代《图画日报》中所绘(图7-8)。

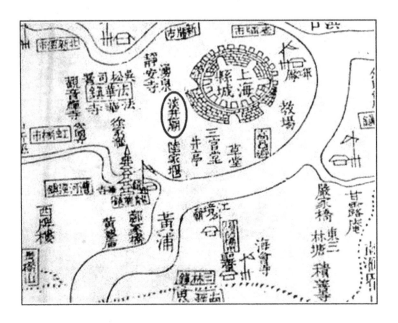

图 7-7 嘉庆年间上海县城边的淡水庙

图 7-8 淡水庙图（清·《图画日报》）

第三节　汇水龙潭

一、龙山蛟水

龙文化源远而流长，是中国文化的突出符号。在古人心目中，龙是一种神秘的、吉祥的宝物。在风水文化中，"龙"是最常见的术语之一。自然山水形态的多端变化，与传说中的龙相似，所以古人将山和水都比喻作龙——"龙脉""水龙"，龙成为山水的象征。

上海有深厚的龙文化底蕴，早在5 000年前新石器晚期就有龙形陶器出现。青浦区福泉山遗址出土的良渚文化时期的三足陶鼎，每一只足都有镂空的蟠螭纹，显示出当时的远古先民已经有了龙图腾意象（图7-9）。

图7-9　福泉山遗址出土的陶鼎

始建于唐代的上海青龙镇是海防要地，传说三国时期在此建造青龙战舰，因而得名。镇上的青龙港位于吴淞江下游，地理位置优越，航运条件发达，成为上海地区最早的对外贸易港。当今青浦区的青龙镇遗址包括青龙古寺和青龙古塔等，见图 7-10。

图 7-10　青龙古寺和青龙古塔

此外，上海地区还有众多的带有龙色彩的文物，显示出深厚的龙文化积淀，图 7-11 为嘉定区出土的元代二龙戏珠石雕。祥云中的双龙，一左一右，围绕龙珠，嬉耍游动，显示了生动活泼、吉祥喜庆的氛围。

图 7-11　二龙戏珠（元代石雕，嘉定出土）

时至今日，龙文化的印迹依然在上海时常可见，最经典的就是上海地标建筑——上海中心大厦。上海中心大厦外观为一条向上盘旋的龙，寓意飞旋升腾的中国。上海中心大厦位于上海浦东陆家嘴金融贸易区核心区，是一幢集商务、办公、酒店、商业、娱乐、观光等功能的超高层建筑，建筑总高度632米，地上127层，地下5层，总建筑面积57.8万平方米，是目前已建成项目中中国第一、世界第二高楼。图7-12中右边即为上海中心大厦，左侧两座高楼分别是金茂大厦和上海环球金融中心。

图7-12 龙造型的上海中心大厦

龙形象也隐在上海的大街小巷中，如延安高架路的龙柱（图7-13），就是典型的实例。之所以采用龙柱造型，笔者认为有两方面的原因：一是为高架路的粗大立柱加附美丽外观。由于此处是上海路网的核心枢纽之一，而且是上海层数最多的4层高架路段，架空道路荷载大，需要有足够粗大的立柱支撑。二是采用龙图案以寓意吉祥安康。此处道路交叉口为市中心区交通繁忙地段，车流及人流密度很大。

图 7-13　上海延安高架路的龙柱

二、文运魁星

前文叙述应奎山修筑的原因时，提到了孔庙正南部有留光寺相对的问题。修筑应奎山，就是为了在孔庙和留光寺间设置屏障，避免留光寺对孔庙风水的影响。另外，应奎山之"奎"通"魁"，指"魁星"，它是古代二十八星宿中主管文运之星。山名"应奎"寓意文运昌盛、中举夺魁、独占鳌头。相传"龙生九子，鳌占头"。鳌为龙头、龟身、麒麟尾。古时皇宫正殿台阶正中的石板雕有龙、鳌图案，高中状元者手持魁斗，站在鳌头，名曰"独占鳌头"。图 7-14 为广富林遗址中文昌阁魁星殿的魁星点斗像。

图 7-14 魁星殿的魁星点斗像

三、五龙抱珠

挖土修筑应奎山后,取土地点形成了一个大水塘。当时孔庙士人请风水先生寻龙望势后,将大水塘修整成汇龙潭,并将附近的新渠、野奴泾、唐家浜、南杨树浜、北杨树浜五条河溪引入其中,形成汇龙潭五龙抱玉珠的风水格局。在风水格局中,应奎山所在位置正好是朝案山之位。五龙抱珠的汇龙潭见图7-15。

图 7-15　嘉定区汇龙潭公园

第四节　江浦汇沔

一、古吉沔位

古时,河弯凸岸地段称"沔位",清代段玉裁所著《说文解字注》载:"水相入貌者,沔之本义也。"《尚书·召诰》载:"越三日庚戌,太保乃以庶殷攻位于洛沔。"可见,"沔位"是传统文化中"玉带环抱"的风水宝地,古代君王选址城池多取"沔位",强调"攻位于沔"。古城选址的汭位见图 7-16。

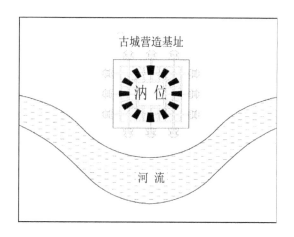

图 7-16　古城选址的汭位

二、汭位陆家嘴

参照古籍的汭位描述，比照当今上海黄浦江陆家嘴段凸岸状况，可知此处正是典型的吉地，而且还是吴淞、黄浦两大江汇聚之地，实乃天作人化的风水宝地。汭位陆家嘴区域位置见图 7-17。陆家嘴汭位的平面图及鸟瞰图见图 7-18、图 7-19。

三、陆家嘴之魅

上海陆家嘴一带有着悠久的两江文化底蕴，结合现代科技文化而成了"天造人化"的"传统＋现代"的城市美典范，是上海城市最突出的地标之一，被认为是世界十大最美城市天际线之一。陆家嘴金融中心的城市天际线见图 7-20。

陆家嘴地处上海市浦东新区西北部，在黄浦江东岸张家浜到其昌栈段河道半岛形的凸岸，与浦西外滩隔江相望。陆家嘴之所以能成为世界最美的城市天际线之一，是基于其古今延续、内外相衬的魅力。陆家嘴天作人化之魅体现在以下几方面：

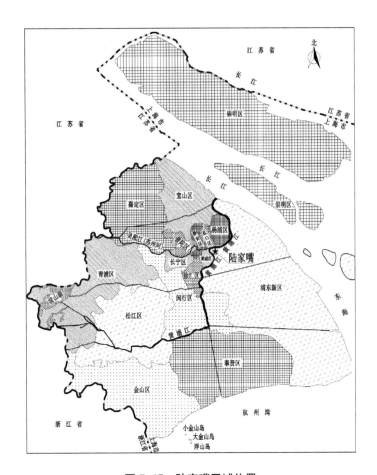

图 7-17 陆家嘴区域位置

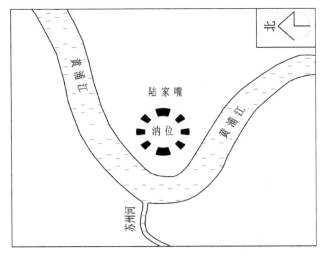

图 7-18 上海陆家嘴汛位平面图

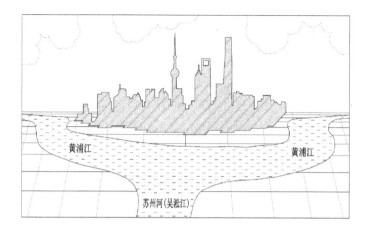

图 7-19　上海陆家嘴汭位鸟瞰图

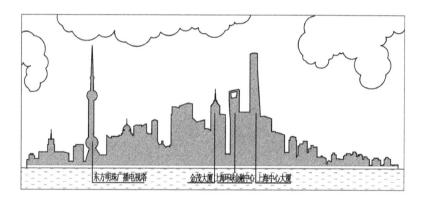

图 7-20　上海陆家嘴金融中心的城市天际线

1. 陆家嘴人文之魅——人文悠久荟萃

"陆家嘴"之名由来已久。明代永乐年间黄浦江水系形成后,江水自南向北与吴淞江汇合后折东至长江入海。河道东折处,在浦江东岸堆积成一个突出的嘴形滩地,因明代翰林院学士陆深世居此地,死后亦敕葬于此,故该地世称陆家嘴。陆家嘴一带曾经遗留有陆氏的旧居、墓地、宗祠等,现都已不存在。从明代中叶经清至今,附近地名亦多冠以"陆"字,如陆家嘴路、陆家渡等。

2. 陆家嘴初心之魅——初心上海名源

"上海"地名源于古吴淞江南岸的"上海浦"。"上海浦"之名最早出现在北宋郏亶的《吴门水利书》中。明代,因黄浦水系加宽,上海浦上游为黄浦江所并,下游流经今陆家嘴,可以说陆家嘴是"上海"地名的发祥地,其与上海浦位置关系见图7-21(参考清同治《上海县志》中上海浦位置绘制)。清光绪中叶,浦东沿江被洋商租用,建厂筑栈,上海浦诸水系填塞殆尽,最后消失。

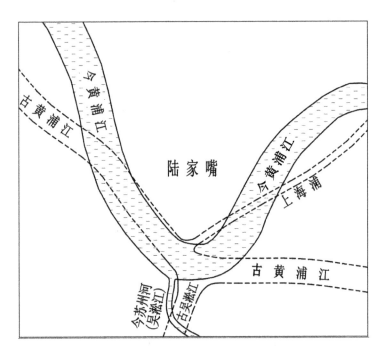

图 7-21　上海浦与古今江浦位置关系图

3. 陆家嘴江浦之魅——江浦沧桑历尽

吴淞江古称松江、松陵江、笠泽江等,原为太湖流域主泄海通道。明代疏浚时部分改道,引其在外白渡桥一带接入黄浦,成为黄浦江支流,现为黄浦江最大支流。上海开埠后,吴淞江下游俗称苏州河。

黄浦江古称黄浦塘、黄浦、大黄浦等。史上首次出现"黄浦"之名是在南宋乾道七年(1171年),时称"黄浦塘",为吴淞江支流。南宋淳祐十年（1250年）的西林积善寺碑记中有"黄浦"二字。元代因河道渐宽而有"大黄浦"之称。明初因下游淤塞严重，户部尚书夏原吉奏请疏浚，凿通近旁范家浜，形成黄浦水系。河道数次疏浚，大黄浦河面不断开阔，后名黄浦江。如果说黄浦江是上海的母亲河，那么吴淞江就是祖母河。陆家嘴地处祖母河与母亲河的汇合地，亲历了两江的沧海桑田。

4. 陆家嘴地理之魅——地理汭位古象

陆家嘴地处江浦汇汭处，是天造的玉带环抱、藏风纳气之地。"玉带环抱"指河流呈弧形环绕着处于汭位的聚落点，而陆家嘴正是处于这个聚落点上。陆家嘴"玉带环抱"意象见图7-22。

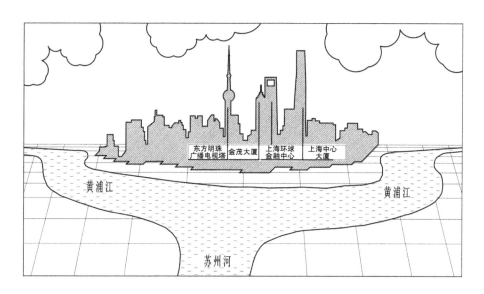

图7-22 陆家嘴"玉带环抱"意象图

5. 陆家嘴匠技之魅——匠技鬼斧神工

陆家嘴金贸城四大高层建筑被戏称为"四大金刚"，它们是上海中心大厦、上海环球金融中心、东方明珠广播电视塔和金茂大厦。"四大金刚"对比见图7-23。

"四大金刚"设计建造技术达到国际领先水平，如上海中心大厦使

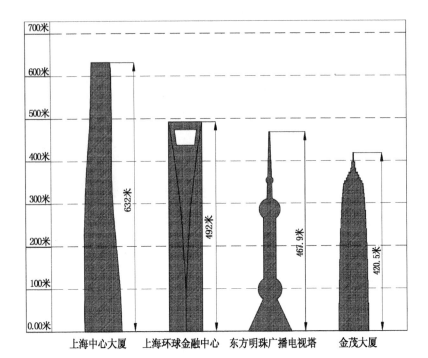

图 7-23　陆家嘴"四大金刚"比对图

用了超高建筑巨型结构体系设计技术、软土超长超大承载力后注浆钻孔灌注桩技术和绿色超高层建筑技术体系及评价标准等。[13]这些先进技术彰显了我国超高层建筑建造的综合实力,极大地推动了建筑技术进步。

6. 陆家嘴天际之魅——天际廓线雅致

陆家嘴天际线特色美源于以下因素：第一,优良的空气质量,使天际线有了蓝天白云的衬托。第二,大地和浦江融合,合成了天际线独特的地平线。第三,规划合理的功能分区,造就了天际线平面的有序韵律。第四,错落有致的高楼宇屋,构筑了天际线立面的音乐节奏。第五,川流不息的浦江舟楫,形成了天际线动静互衬的立体画面。第六,上行下移的浦江游路,呈现了天际线的步移景异奇观。

7. 陆家嘴比翼之魅——比翼外滩齐飞

浦江两岸的陆家嘴与外滩,一个是CBD（中央商务区）天际线的国家级经贸开发区，一个是十里洋场天际线的金融聚集带（图7-24），两岸琴瑟同谱、比翼齐飞，携手共筑上海国际金融中心。

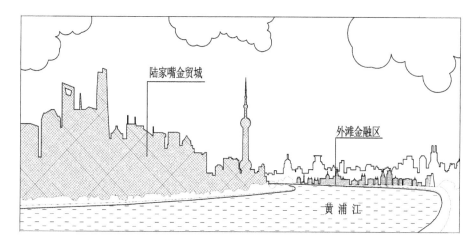

图 7-24　浦江两岸比翼齐飞意象图

8. 陆家嘴和谐之魅——和谐天成人化

"《易》，所以会天道人道也"见于已知最早提出"天人合一"观的古文献《郭店楚简·语丛》。"天人合一"即"天人和谐"，追求人、自然和社会的和谐共处。陆家嘴道法天人合一，首先是尊重自然规律。如明代水利专家叶宗行实地细致踏勘，采取合乎自然规律的治水方案，以黄浦江取代吴淞江为太湖水入海主通道，解决了浦江一带洪水泛滥问题。其次，树立敬畏自然理念。摒弃"人类中心论"，天成人化和谐统一，不过度开发建设。再次，营造和谐社区。形成"人的建筑与环境"，建设智能生态宜居的CBD社区。最后，构筑和谐文化。展示上海开放包容的和合理念，迎接五湖四海的商贾宾客。

第八章

泖和峰谐：沪渎山水悟道

第一节　平波安澜

一、海国长城

上海位于长江三角洲前缘，上承长江、太湖来水，下受海潮冲击，是欲兴国必利水治水之地。早在三国时期，地方官府就组织民众开始筑塘御潮、修圩治沼，改善生存环境。上海古代大型海塘主要有唐代开建的古捍海塘、北宋建成的里护塘、明代修筑的钦公塘和清朝改筑的彭公塘等，主要古海塘所在位置见图8-1。

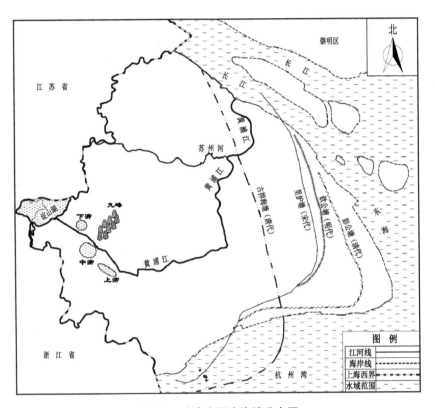

图 8-1　上海主要古海塘分布图

当今上海不少地方仍留存古代海塘的遗址，其中最典型的是浦东新区柘林镇的清代华亭古海塘遗址，它又有"上海小长城"之称，见图8-2。

图 8-2　浦东柘林的华亭海塘遗址

在海塘遗址塘体上有多处铭刻题记的碑石，包含界碑、题字碑和吉语碑等。图8-3为《海国长城》吉语碑及其拓片，该碑高28厘米，宽124厘米，青石质。中间横刻"海国长城"四个大字，表达海塘护国保安的美好愿望。右侧竖刻"钦工第十号自此止"，左侧竖刻"华亭县刘云罗楫承筑"。

海塘是区域性的防潮抗汛设施，其不仅仅是防护盐场的重要建构筑物，还护卫着滨海一带的村镇。从清代的下砂盐场北侧的青村盐场图（图8-4）可见海塘对滨海地区防汛抗潮的重要性。图中青村盐场所在地靠东海一侧是一长条的防护海塘，海塘护卫着奉贤县城及周边村镇，也包括青村盐场的重要设施，盐场引取海水的次要设施则布置在海塘外，以便引潮入港。

图 8-3 《海国长城》吉语碑及拓片

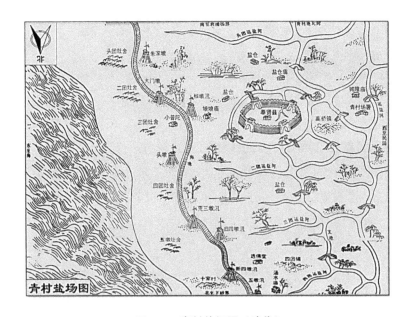

图 8-4 青村盐场图（清代）

二、防汛护场

有了海塘，上海防汛还要有江河堤防配合。滨海的一道道海塘成为上海外围抗御风潮的第一道安全屏障，江浦的防汛墙设施则是保障城市防洪安全的主要依托。早在清代，黄浦江就修筑有防汛江堤，尤其是外滩段，一直不断地升级改造防汛江堤，图 8-5 是 20 世纪末改造升级中的外滩防汛墙，图 8-6 是黄浦江的防汛墙及闸门。

图 8-5　20 世纪末改造升级中的外滩防汛墙

（2021 年 5 月摄于外滩历史纪念馆）

图 8-6　黄浦江的防汛墙及闸门

为了清理河道因潮水涨落带来的泥沙沉积，需要配合防汛设施在河道上设置水闸等构筑物，泄水挡沙，避免泥沙淤塞影响堤岸。古代上海水网区域就有众多的河道水闸，图 8-7 为上海元代水闸的遗址。

图 8-7　上海元代水闸遗址

三、明灯引航

上海吴淞口地处长江入海口，水流环境复杂。明代时，漕粮运输繁忙，而航道位置风急浪高，因无导航设施，航行安全很受影响。当时负责督运漕粮的官员向朝廷奏请建造航运标志，获准后组织防守将士修筑了宝山，并在山上建烽火台，白天放烟雾，晚上点明火，为来往船只引领航向。由此可知，明代修筑宝山是为了解决吴淞口一带的航运安全问题。宝山的航标灯夜景图示见图 8-8。

除了海上漕运外，古时上海地区内河航运业也存在导航安全问题。三泖所在的泖湖流域，河网密布，水系通江达海。鉴于古泖岛（今泖河泖岛）地处泖湖区域中央地带，在唐代就利用岛上澄照禅院的泖塔兼导航标志，白天高耸的泖塔远远可见，夜里塔顶悬灯，指示航道。上海泖塔和温州江心屿双塔、舟山花鸟山灯塔、大连老铁山灯塔及海南临高灯塔一并入选世界历史文物灯塔。泖塔在三泖九峰航区的航标灯夜景如图 8-9 所示。

图 8-8　宝山航标灯夜景图示

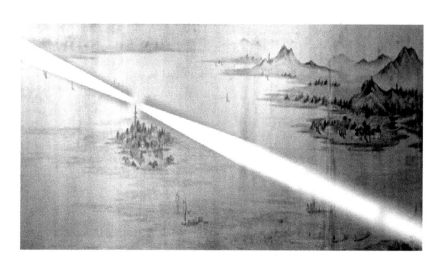

图 8-9　泖塔航标灯夜景图示

第二节 滨浒圩田

一、垦筑圩田

上海的江浒圩堤既是低洼地区防洪挡潮的重要设施，也是与塘浦圩田同步发展的垦田设施。圩田也称围田，是唐宋时期临江濒海的江南地区采用的筑堤围垦、培育农田的生产方式。图 8-10 为古代滨海地区的圩田图（清代《授时通考》）。

图 8-10 《授时通考》中的圩田图（清代）

圩田的实施，充分利用了自然环境条件，既解决了当地的农田紧缺问题，也改善了低洼地防洪挡潮困难的情况，可谓一举两得。图 8-11 是泖湖流域三泖区的圩田图示。

图 8-11 圩田图（《松江府志·三泖图》

二、衣被天下

五代吴越国鼓励垦殖滩涂，制定"募民能垦荒田者，勿收其税"政策，上海地区农业圩田得到大发展。南宋后期引入棉花种植后，当地农民发觉圩田更适合种植棉花，加之元代黄道婆掌握的海南黎族先进的纺织技术引入，促进了上海手工棉纺织业发展。明代中叶，上海县已经成为全国最大的棉纺织业中心，棉花种植面积更是达到"棉七稻三"，使得上海以"木棉文绫，衣被天下"闻名，所生产的布匹不仅销往全国各地，还出口海外，甚至在20世纪20年代上海市花评选中，棉花还荣登榜首。

黄道婆，别称黄婆、黄母，宋末元初松江府人。相传曾流落海南崖州（今三亚市崖州区）多年，元贞年间返回故里。之后向乡民传授在海南学到的整套棉纺织技术，并加以改进，促进上海地区棉花种植和纺织业发展。当时上海所产布匹远销北方，博得"松郡棉布，衣被天下"的赞誉。

三、苏府粮仓

松江大米是上海松江区传统的特色农产品，以米粒饱满、晶莹半透明、成饭柔软有弹性、味道清香略甜、表面油光而著称，为中国国家地理标志产品。

上海"九峰三泖"地区水稻栽培历史非常悠久，1961年在崧泽遗址发现了国内首个炭化稻谷遗存，这是上海出土的最早的人工栽培水稻，被称为"上海第一稻"。"第一稻"的发现说明，水稻在新石器时代已是上海地区的主要农作物。唐宋以后，松江水稻产量始终处于领先水平，成为全国闻名的水稻生产地区。之所以九峰三泖地区是鱼米之乡，得益于当地的地理气象环境，山清水秀，田地肥沃，加之围垦筑堤防风潮，利用潮水抬高淡水位以资灌溉，使得圩田旱涝保收。吴潜所撰《宋特进左丞相许国公奏议·奏论计亩官会一贯有九害》载："二浙之田，独湖、苏、秀为最美，而常、杭则次之，衢、越为常稔，而严、婺、台则不及。"

由于地处鱼米之乡，加之江浦航运便利，该地区也成了明清两代松江府最大的漕粮仓储地和漕运始发地。

第三节 熬波煮海

一、古籍《熬波图》

"熬波"也称"煮海"或"煮水",是中国最古老的海水煎盐手工业技术。《西溪丛语·卷上》载:"盖自岱山及二天富,皆取海水炼盐,所谓熬波也。"《熬波图》是收入明代《永乐大典》、辑入清代《四库全书》的经典古籍,其发祥地是上海浦东新区的古下砂盐场。《熬波图》是现存中国古代最早完整总结海盐生产全过程的专门著作,也是古代历史上最高水准的熬波制盐技法,堪称"盐业版"的《天工开物》,还是最早反映盐民生活劳作的盐业"史诗"。[4]《熬波图》中的《各团灶座》见图8-12。

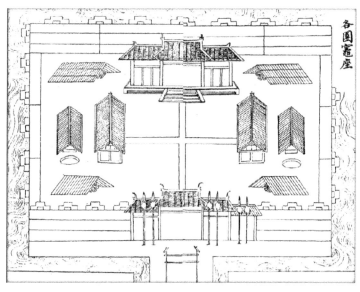

图8-12 《熬波图》中的《各团灶座》图

二、斥卤之地

从唐代开始海水制盐业迅速发展，元代时达到鼎盛。下砂盐场是当时中国沿海大盐场之一。《熬波图》序中提到了下砂的位置和范围："浙之西、华亭东，百里实为下砂。滨大海、枕黄浦、距大塘，襟带吴松、扬子二江，直走东南，皆斥卤之地。"明代时下砂盐场的分布及其在上海县中的位置见图8-13（图中"下沙"即"下砂"）。

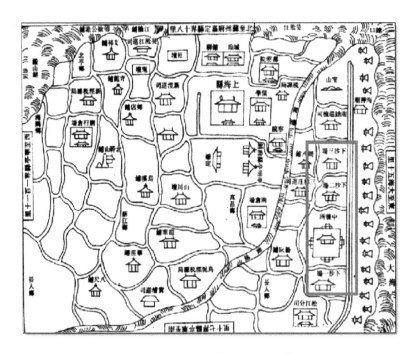

图 8-13　下砂盐场的分布图（明代）

三、熬波古法

《熬波图》淋煎古法手工艺制盐技术包含了七大主要技法：裹筑灰淋、月河截潮、淋灰取卤、莲管秤试、铁盘铸造、苅灰勾缝和捞洒撩盐法等。这些都是元代下砂盐场独特而精湛的技法，是《熬波图》引以为傲的核心技术，也是古代中国熬波制盐技艺的集大成。《熬波图》"淋煎法"技艺属于非物质文化遗产，它是上海的，是中国的，也是世界的。[4]

元明时期，制盐业是上海的支柱产业，盐场自然也成为文人墨客关注的对象。除了《熬波图》描写的繁忙盛景外，他们还将熬波景观作为当地美景之一题诗作词，如清代"瀛洲八景"之一的"鹾场积雪"（图8-14）。

图8-14　"瀛洲八景"之"鹾场积雪"

第四节　绿汭青峰

一、峰和汭谐

传统的山水文化是人文景观和自然景观的有机组合，其中人文景观在山水文化中占有极其重要的地位。和谐的山水文化是自然与人文的和谐，图8-15展示了黄浦江西岸改造中保留自然生境的情形。

图 8-15　改造中的黄浦江西岸自然生境

和谐的山水文化也是传统与现代文化的和谐。图 8-16 是黄浦江岸线文化升级改造工程，其中的码头工业遗址保留了 20 世纪的码头及其装卸设施（如吊车等），场地改造通过景观再设计让旧码头重现生机，刻意保持了时空跨度上的明显痕迹，体现新旧共存的特有的建筑特征，展示了浦江航运工业化进程艰辛而富有意义的沧桑历史，沉淀为真实而弥足珍贵的上海城市记忆。

图 8-16　黄浦江岸线的码头工业遗址

二、东西融合

松江画派也称为"松江派""华亭派""云间派""苏松派"等，形成于明代晚期，这一时期松江的经济、文化均进入鼎盛时期。顾正谊、莫是龙、孙克弘是松江画派的创始人，他们以山水画为主，崇尚情趣高雅的"文人画"，追求简约淡雅的笔趣墨韵。董其昌、赵左为松江画派中最有建树、影响最大的代表人物。

到了清代末期，松江画派糅以西洋画技法，形成水墨淋漓、烟雨变幻风格的"海上画派"，也称"海派"。以任伯年、吴昌硕等为代表的海派山水画大师，为中国山水画注入了一股清流，是百年来视觉观念之变的先驱。

海派山水文化是对欧美文化的借鉴，它在中国传统山水文化的基础上，融合了开埠后传入的西方工业文明。海派山水文化既有传统山水文化的古雅典致，又有国际潮流与时尚，具有开放而又自成一体的独特风格。

三、天人合一

"天人合一"观起源于原始社会祭祀上天之意，《郭店楚简·语丛》载："《易》，所以会天道人道也。"这是已知最早阐明"天人合一"思想的表述。孟子提出的"知性则知天"也表达了"天人合一"思想："尽其心者，知其性也；知其性，则知天矣"。（《孟子·尽心》）史上首次提出"天人合一"概念的是北宋思想家张载，他在《正蒙·乾称》中载："儒者则因明致诚，因诚致明，故天人合一。"就山水文化而言，亲近山水，融于山水，是天人合一思想的应有之意。

"山水城市"是以中国传统文化为内涵，用科学技术手段，借特定的城市地理环境形成的具有中国特色和风格的城市。"山水城市"既是古代"天人合一"的城市，也是现代"天人和谐"的城市，是将健康的人群、健康的环境和健康的社会有机结合发展的一个整体。

"山水城市"是绿水青山的城市,是正确处理经济发展与生态环境保护之间关系的城市。"山水城市"也是生态文明的城市,强调人与自然环境的相互依存、相互促进、共处共融。图8-17展示了在繁忙的黄浦江航道旁,对鸟类喜欢停栖的水上墩台予以保留。

图8-17　黄浦江航道旁保留的鸟类栖息墩台

在向更加文明的"山水城市"进军的路上,上海永不停息。

后　语

"九峰三泖"自宋代起就是上海松江地区名胜，峰泖景色秀美、人文底蕴浓厚，展现了上海的山水意象。通过对上海山水文化的探究，得出"九峰三泖"隐含的华夏池山文化背景。兴盛于宋代的"九峰三泖"根源于战国时期的"三泖九峰"，且受东海仙境传说的影响，才造就出陆地版的"一池三山"文化，而且是顶级版的"三泖九峰"。

宋代《绍熙云间志》载："（云间）水多于山，右浙皆尔，而崇岗峻岭，华亭又无焉。"局限于科技水平，古人对上海山水的印象仅是如此。而有当今科技日新月异的加持，有技术手段层出不穷的助力，对于"三泖九峰"之类的上海山水文化的研究探讨，将会得到更多的成果。

"随着文化软实力日益成为衡量一个地区发展潜力与竞争能力的核心要素，（上海）这座拥有多元文化、开放包容的城市，将崛起成为东西方文明相得益彰、传统文化与现代时尚交相辉映的国际文化大都市。"（摘自《上海市城市总体规划（2017—2035年）》）

参 考 文 献

[1] 喻大翔.从山水、山水文学到文学山水[N].光明日报,2016-01-01(15).

[2] 李先逵.中国山水城市的风水意蕴(上)[J].四川建筑,1994,14(2):5-8.

[3] 陈小明.中国城市规划中天人观的研究[D].南京:东南大学,2005.

[4] Chen Y. Decoding Diagram on Boiling Seawater: Salt-making Method in Ancient China[M]. Salt Lake City: American Academic Press, 2019:7,63,188.

[5] 张修桂.上海浦东地区成陆过程辨析[J].地理学报,1998,53(3):228-235.

[6] 上海市地方志办公室.上海地质矿产志[EB/OL].[2018-07-16]. http://www.shtong.gov.cn/newsite/node2/node2245/node4502/index.html.

[7] 上海市地方志办公室.上海地名志[EB/OL].[2018-07-18]. http://www.shtong.gov.cn/newsite/node2/node2245/node70862/index.html.

[8] 上海市地方志办公室.青浦县志[EB/OL].[2018-07-18]. http://www.shtong.gov.cn/Newsite/node2/node4/node2250/node4427/index.html.

[9] 上海市地方志办公室.区县专业志[EB/OL].[2017-05-09]. http://www.shtong.gov.cn/dfz_web/DFZ/Info?idnode=132484&tableName=userobject1a&id=185095.

[10] 刘晓辉,尹军,周浩,等.松江文化志[M].上海:百家出版社,2001:286.

[11] CHEN X M. Exploring the Root of Chinese Traditional Garden Culture[C]//Li W, Guan K, Huang S F, et al. Advances in Economics, Business and Management Research. the 2021 6th International Conference on Social Sciences and Economic Development (ICSSED 2021). Nanjing: Atlants Press, 2021:562-566.

[12] 上海市地方志办公室.区县专业志[EB/OL].[2001-12-13]. http://www.shtong.gov.cn/newsite/node2/node4/node2249/huangpu/index.html.

[13] 央广网.上海中心大厦工程关键技术获上海市科技进步特等奖[EB/OL].[2019-05-15]. https://baijiahao.baidu.com/s?id=1633578527576200048&wfr=spider&for=pc.